El cochero
UN LIBRO EN VIVO

El cochero

UN LIBRO EN VIVO

AGUINIS]

MARCOS

JORGE

[BUCAY

[segunda edición]

DEL NUEVO EXTREMO

PRIMERA EDICIÓN
Septiembre de 2001

SEGUNDA EDICIÓN
Enero de 2004

Bucay, Jorge
    El cochero : un libro en vivo / Jorge Bucay y Marcos Aguinis. -
2ª ed. - Buenos Aires : Del Nuevo Extremo, 2003.
    224 p. ; 22x15 cm.

    ISBN 987-1068-33-6

    1.Narrativa Argentina II. Aguinis, Marcos II. Título
CDD A863

DIRECTOR EDITORIAL
Miguel Lambré

DISEÑO DE TAPA
Luciana Braini para Photo Design

EDITING
Karina Bonifatti

CORRECCIÓN
Karina Bonifatti y Rosa Corgatelli

FOTOGRAFÍAS DE TAPA
Ariel Gutraich

COORDINADOR DE EDICIÓN
Tomás Lambré

ISBN
987-1068-33-6

DERECHOS EXCLUSIVOS DE PUBLICACIÓN Y DISTRIBUCIÓN
Editorial Del Nuevo Extremo S.A.
Juncal 4651 (1425) Buenos Aires, Argentina
Tel/Fax: (54-11) 4773-3228
e-mail: editorial@delnuevoextremo.com
www.delnuevoextremo.com
IMPRESO EN ARGENTINA

PRÓLOGO

Marcos Aguinis y Jorge Bucay, no cabe duda, construyen imágenes de escritor enteramente distintas. Uno es serio, formal, reflexivo, erudito; el otro es simpático, informal, atípico, popular. Pulcro, cuidadoso, el primero selecciona los "desde luego", los "por cierto", los "habitualmente", los "en consecuencia". Arrojado, desenfadado, al segundo se le escapan los "claro", los "de verdad", los "siempre", los "y entonces". Mientras el primero confiesa haberse inspirado en Erasmo de Rotterdam, el segundo se ríe y pide perdón por contrariar a Sófocles. Ambos delimitan su campo de acción, sus públicos no se cruzan...

Pero llega *El cochero* y todo lo trastoca. Los lectores de Bucay, seguros de que Aguinis es difícil de entender, y los lectores de Aguinis, que no leen a Bucay por considerarlo poco complejo, se desorientan. ¿Y este libro?, preguntan. ¿Qué tiene que ver Aguinis con Bucay?

Alguien dijo que cuando los lectores de Marcos Aguinis lean a Jorge Bucay dejarán de leer a Marcos Aguinis. Hubo incluso quien se aventuró a afirmar que cuando los lectores de Jorge Bucay lean a Marcos Aguinis dejarán de leer a Jorge Bucay. ¿Dejarán los lectores de leer a Aguinis, o de leer a Bucay? ¿Se sumarán los públicos?

Más allá de estos interrogantes, lo cierto es que en las charlas hay seguidores de los dos bandos. Señoras que se desconciertan con el cociente intelectual de Aguinis, señores que desafían a Bucay para ver si conoce a Borges. Interesante escenario, sin duda, para este país de lectores acostumbrados a uno u otro catálogo, a una u otra biblioteca, la de culto o la de autosuperación.

Hay libros que desarrollan temas de interés masivo, pero que por su formato académico reducen su campo de difusión. Hay libros cuyo consumo es más que accesible, pero cuyos tópicos son efímeros, inmediatos, acordes con lo que dictamina la gran prensa multimediática. Pareciera que la brecha entre las dos bibliotecas deja gente afuera. He aquí el motivo de la presente apuesta editorial.

El proyecto de un *libro en vivo* es inédito en la Argentina. Marcos Aguinis y Jorge Bucay han dado una serie de charlas con el siguiente itinerario: Rosario, Mendoza, Mar del Plata, Buenos Aires, Punta del Este y Córdoba. El público no sólo fue testigo; participó en la elaboración de ideas, su discusión, su perfeccionamiento, sus contrastes; formuló preguntas, intervino a veces más y otras veces menos pertinentemente con sus opiniones o experiencias y, posiblemente, cambió algunas de las ideas preconcebidas de los autores.

Comúnmente, el público es el último eslabón de la cadena, el que recibe el producto terminado. Por primera vez en nuestro país, este *libro en vivo* ubica al lector en el primer eslabón, lo convierte en protagonista.

Para que suceda espontáneamente la reflexión, de manera fresca, sin preparación y sin ensayo, Marcos y Jorge decidieron no hablar previamente sobre los temas que desarrollaron en público. Así, *El cochero* logra poner en escena verdaderos diálogos, repletos de interpretaciones y sorpresas, subidas y bajadas donde los autores no escatiman densidad crítica o consejos prácticos, cuentos o anécdotas, erudición, drama, información, ternura.

Dicen que muchos autores, en secreto, se sorprenden de algunas interpretaciones inteligentes que hacen sus lectores, aquellos que ponen la última nota a esa larga melodía que es un libro. Esta vez, Marcos Aguinis y Jorge Bucay han decidido correr ese velo, escribir cara a cara, a cuatro manos, a pulmón, sin tanto sudor ni tantas lágrimas, de frente y de perfil, a pecho, a pura improvisación y con la gente.

LOS EDITORES

ÍNDICE

Introducción

Charla 5
PUNTA DEL ESTE

Charla 6
CÓRDOBA

INTRODUCCIÓN

Existe un viejo cuento que recorre de aquí para allá la historia de las culturas. Según quién lo relate, el protagonista adopta la forma de un rabino judío, un monje budista, un sacerdote cristiano o alguna otra identidad. Tal como lo escuchamos de alguien que vino de la India, dice más o menos así:

Un sanyasin, un maestro espiritual, que recorría los pueblos llevando su sabiduría, sus palabras de aliento y su contención espiritual, viajaba en un carruaje conducido por un cochero. Siempre el mismo carruaje, siempre el mismo cochero. Cierto día, camino de uno de los pueblos, el maestro suspira abatido, un poco más fuerte de lo común. El cochero, que tiene con él la confianza que otorga el tiempo, le dice:
—¿Qué te pasa?
—Estoy cansado.
—¿Vos estás cansado? —lo increpa el cochero—. ¡Vos no tenés vergüenza, sos un caradura! ¡Cansado debería estar yo, que tengo que manejar todo el día este carruaje para trasladarte! ¿Por qué vas a estar cansado vos, que vas sentado ahí lo más campante, que llegás a los pueblos y lo único que hacés es hablar con la gente y comerte las frutas más jugosas y beber el agua más fresca? ¿Vos, cansado? ¡Yo soy el que debería quejarme! ¡Soy yo el que tiene que lidiar con estos caballos todo el día, soy yo el que en cada pueblo debo ocuparme de alimentarlos y de cuidar del carruaje mientras la gente te aplaude, te pone una alfombra roja y tira pétalos de rosa a tu paso! ¡¡Yo soy el único que debería estar cansado!!
Entonces, el sanyasin le dice:
—¿Pero esto es cansador para vos?
—¡Claro que es cansador! ¿Qué te parece?

—No, no es que me parezca... sólo que cada vez que pienso en la posibilidad de descansar, imagino qué maravilloso sería manejar un carruaje por un camino, de pueblo en pueblo, sin apuro...

—¡Claro! ¡Hacete el místico conmigo! ¡Para vos es muy fácil decirlo porque mientras tanto vas ahí sentado! Pero si estuvieras aquí, en el pescante, no dirías lo mismo...

—¿De verdad te parece que estoy mejor yo aquí que vos allí?

—¡Claro que estás mejor! ¡Qué no daría yo por ocupar tu lugar!

—Bueno —dijo el sanyasin—, me parece que tenemos una oportunidad para darnos el gusto los dos.

—¿De qué se trata? —preguntó el cochero.

—En el próximo pueblo nadie me conoce, ni siquiera han visto mi cara; así que... si intercambiamos de ropa y de lugar, podremos entrar allí, vos sanyasin y yo cochero. Yo podré darme el gusto de manejar el carruaje, y vos, darte el gusto de ver, por una vez, qué es esto de ser un sanyasin.

—No me tientes —dijo el cochero—, porque voy a aceptar...

—Detené el carruaje —ordenó el sanyasin.

Con el carruaje estacionado al costado del camino, cambiaron de ropa. El cochero le dio al maestro su chaqueta y su fusta; el maestro le dio al cochero su toga y su espacio. Luego, el sanyasin, vestido de cochero, subió al pescante, y el cochero, vestido de sanyasin, subió al carruaje. Y así fueron rumbo al siguiente pueblo.

Al llegar, la gente empezó a ovacionar el paso del carruaje que traía al esperado sanyasin, mientras le tiraban pétalos de rosa, vitoreaban su nombre y le hacían reverencias... El cochero, vestido de sanyasin, saludaba con la mano hacia un lado y hacia el otro, disfrutando enormemente. La gente le sonreía, lo halagaba, lo aplaudía. Y así, entre palmas y salutaciones, llegaron hasta la plaza central. Una gran multitud aplaudió la llegada del carruaje, y cuando el cochero (el verdadero sanyasin) bajó a abrirle la puerta al sanyasin (el verdadero cochero), la gente enloqueció con gritos y ovaciones:

— ¡Viva, viva! ¡Ha llegado el maestro! ¡Bienvenido!

Entonces se acercó el alcalde del pueblo, le puso una guirnalda de flores y dijo:

—¡Qué suerte que estás acá! ¡Estábamos desesperados esperándote!

El cochero, vestido de sanyasin, contestó:

—Sí... yo también tenía muchas ganas de llegar... Vamos a sentarnos...

—¡No, qué sentarnos! —dijo el alcalde—. ¡Necesitamos de tu palabra!

—Bueno... pero primero comamos fruta fresca... conversemos... descansemos un poco...

—¡Sí, sí, luego lo haremos! ¡Pero antes de descansar hay cosas muy urgentes que resolver!

—No... no hay nada urgente. Vamos a sentarnos...

—¡No entendés! Hace tres semanas que esperamos ansiosos tu llegada, porque tenemos un problema muy serio en este pueblo.

—¿Qué sucede?

—Sucede que Juan le vendió una vaca a Pedro, y Pedro dijo que se la iba a pagar construyéndole un granero, pero Pedro se lastimó y se fracturó el brazo, y entonces no le puede construir el granero. Y Juan quiere que le pague y Pedro dice que tiene que esperar a que se solucione el problema de su brazo para construirle el granero como habían quedado, y el pueblo ha tomado partido por uno y por otro, todo el mundo está peleado por este tema, cada noche hay cinco o seis heridos, las guardias de seguridad ya no dan abasto, y hace dos semanas yo dije: ¡Paren! Paren que ahora viene el sanyasin y él nos va a decir cuál es la solución, porque él tiene todas las respuestas. Por eso estábamos esperándote, así que ahora decinos a todos: ¿Cuál es la solución para este problema? ¿Qué hay que hacer en este caso?

El pobre hombre palideció; no tenía la menor idea acerca de la respuesta que debía dar.

La gente, que estaba aguardando su palabra, le dijo:

—¡Te estábamos esperando para esto! ¡Danos la respuesta, por favor!

Entonces, el hombre vestido de sanyasin meditó unos segundos y exclamó:

—¿Y para contestar esto me estuvieron esperando tanto tiempo? ¿Para esta estupidez, tanto lío? Esta pavada la puede contestar *hasta mi cochero...* —*Y girando majestuoso hacia el hombre vestido de cochero, dijo:* —*Vamos, cochero, ¡demostrales! ¡Deciles cómo se resuelve el problema! ¡Contestales!*

Decidimos llamar a este libro *El cochero* no sólo porque nos gusta esta historia sino por una razón especial: nos parece un símbolo.

Durante muchos años hemos recibido los mimos, los halagos, las bendiciones, el amor de la gente. Cada uno por su lado, y ahora también juntos, hemos llegado a diversas ciudades de este país y del exterior sentados cómodamente en un carruaje, disfrazados de sabios, y hemos sido recibidos siempre como *sanyasines*, como maestros. Pero ambos sabemos que somos ocupantes involuntarios, pasajeros intrusos en el supuesto lugar de la sabiduría, y que el verdadero conocimiento está en quienes nos guían, quienes nos traen, quienes nos llevan. Sabemos que somos los falsos conocedores, que ocupamos ese lugar sólo por un rato, y que los verdaderos sabios son los cocheros.

En nuestro caso, los que manejan el carruaje que nos ha llevado de un lado a otro, les guste o no esta responsabilidad, son ustedes.

Ustedes son quienes nos han enseñado todas aquellas cosas que sabemos, quienes nos han cedido este lugar, que ocupamos con mucho halago, pero no desde el saber sino desde el placer.

Ésta es, pues, la razón del nombre de este libro, en homenaje a sus verdaderos protagonistas: ustedes, los cocheros.

LOS AUTORES

ROSARIO

PARTICIPANTES]

Adriana Churriguera (coordinadora)

Juan

José Antonio Portela

Liliana Fernández

Padre Henry

María Inés Auguste

Verónica González

Cristina Cristi

Damián

Marité

Carolina Forastieri

Rita Sileo

Noelia

Ana Gonta

Josefina

María Valeria

Edgardo

Goyo Giménez

Quique

Ariela

Marcela Borgatello

Laura

Amadeo

Patricia

[

1
EL NUEVO PAPEL DE LA MUJER
EN LA SOCIEDAD

Marcos Aguinis: A diferencia de otras charlas, éstas que hoy comienzan han sido planificadas en función de lo que hemos dado en llamar "un libro en vivo".

Este libro es, a mi juicio, una oportunidad para desarrollar un verdadero diálogo y conseguir algo que en la Argentina necesitamos: que haya una buena comunicación, que nos miremos el rostro, que nos digamos el nombre, que asumamos que cada uno de nosotros vale. Por lo tanto, pedimos al público que cuando formule las preguntas diga su nombre, apellido, edad, profesión... La idea es evitar el anonimato que despersonaliza, que vuelve las cosas ajenas, extrañas, que quita emotividad.

En la Argentina, la larga historia de autoritarismo ha generado miedo a la participación. Se teme que la opinión y la polémica causen un mal en la sociedad. La gente sufre de pasividad, está acostumbrada a que le digan cuándo puede hablar, qué tiene que hacer; como si la democracia consistiera en una sola cosa: votar, sin darse cuenta de que la democracia se construye con la participación activa, diaria, constante, con ciudadanos conscientes de ser portadores de un manantial infinito de ideas y propuestas. No poner en marcha este bagaje, en la creencia de que es una tarea que sólo corresponde a "los de arriba", es un gran error.

Escrita a medida que se desarrolla el diálogo, esta obra responde a un proyecto democratizador, para que cada argentino se dé cuenta de que tiene un nombre, un rostro y una voz; para que pueda hacer honor a estas tres cosas, saliendo del anonimato y del silencio que promueven los regímenes dictatoriales cuando imponen la censura o fabrican desaparecidos, que es una manera brutal de borrar los nombres, los rostros y la voz.

El ejercicio de hacer juntos este libro va a ayudar, creo, a nuestra salud mental. Porque vamos a tratar temas importantes que los argentinos muchas veces dejamos de lado mientras rumiamos una melancólica frustración.

Jorge Bucay: Yo también quiero empezar por agradecerles su presencia aquí. Tanto Marcos como yo hemos coincidido en inaugurar este proyecto en esta querida ciudad de Rosario; en parte porque, para ambos, ustedes han sido siempre amorosos anfitriones y fieles lectores, pero asimismo para producir un evento que no empiece en la Capital Federal. Será parte de la historia de nuestro pueblo, también, el hecho de que algunos miles de argentinos a lo largo y ancho del país hayan escrito un libro en conjunto.

Es hora de comenzar. Si bien las primeras preguntas las formulará nuestra moderadora, esperamos que las siguientes salgan de ustedes.

Adriana Churriguera (coordinadora): Se habla de un nuevo papel de la mujer en la sociedad. ¿Es cierto o es un eslogan? Las mujeres, ¿tenemos un nuevo rol?

J. B.: Yo no sé si se trata de un nuevo rol para la mujer; creo que hay una nueva mujer en el planeta. Es decir, no me parece que se trate de un "nuevo rol" que deban asumir las mujeres sino de nuevas mujeres que están en condiciones de asumir nuevos roles. En la historia de la humanidad la mujer ha quedado relegada durante siglos al estrecho espacio del hogar, pero no sólo porque la sociedad patriarcal la haya postergado sino también porque durante todo ese tiempo las mujeres efectivamente no podían ocuparse de muchas de las cosas que hoy se ocupan. Esto sucedía por varias razones, y casi ninguna de ellas estaba vinculada directamente con lo psicológico. Con el permiso de todos, voy a intentar esbozar una de esas otras razones para que se entienda a qué me refiero cuando digo que hay una nueva mujer.

En el año 1854 sucedió algo increíble para el futuro de las mujeres, y aunque no parece tener relación terminó siendo fundamental: se diseñó un mecanismo eficiente para producir agua potable en las ciudades. Digo esto y ustedes me miran con cara de "¿qué tendrá que ver esto con el nuevo rol de la mujer?". Les voy a explicar la relación. Hasta ese momento, el agua no era potable, es decir, estaba cargada de bacterias y gérmenes que producían miles de enfermedades infecciosas, muchas de ellas graves (no existían los antibióticos antes de 1929), que multiplicaban por ocho o por diez los índices de morbi-mortalidad infantil. Esto significa que, hasta 1854, sólo una de cada diez mujeres embarazadas llegaba a ver a su hijo cumplir un año de vida; los otros nueve embarazos eran abortados en épocas tardías de la gestación o los bebés morían en los primeros meses de vida. Por lo tanto, si una mujer (cumpliendo con la pauta de construir familias de gran progenie, que era lo usual en ese momento) quería tener tres hijos, debía pasar por lo menos por treinta embarazos... ¡¡¡Treinta!!! Con esta cruel realidad, la mujer casada estaba condenada (si quería cumplir con lo que se esperaba de ella) a estar permanentemente embarazada, pariendo o llorando el duelo de los bebés que había perdido.

Adriana Churriguera (coordinadora): Un factor sanitario, entonces...

J. B.: No sólo eso. En un entorno donde la mujer alcanzaba, con suerte, entre 45 y 48 años de vida, esta situación determinaba que no tuviera espacio para ningún tipo de participación fuera del hogar. Y no se trataba del rol que el hombre o la sociedad le dieran o no le dieran, sino simplemente de que no había otra posibilidad para su rol que no fuera quedarse en la casa, salvo que renunciara a tener hijos, una decisión prácticamente imposible hasta mediados del siglo XX.

La aparición de agua potable invierte totalmente estos porcentajes; si hasta 1850, de cada diez embarazos sólo podíamos encontrar un niño vivo al año de nacer, desde la segunda mitad del siglo, ocho de cada diez embarazos se transformarán en un niño que festejará su primer año de vida. Este cambio establece la posibilidad de reducir a unos pocos años el tiempo que debía pasar embarazada una mujer que decidiera tener hijos. Súmenle a esto el cambio que operó la sociedad industrial en la evolución de la familia y tendrán entonces el surgimiento de una nueva mujer. Una mujer que, con la aparición de la píldora anticonceptiva, a principios del siglo XX, está en condiciones de decidir si va a estar en la casa embarazándose y pariendo, cuántos hijos y cuándo, hasta dónde necesita dedicarse a ellos y qué hará con el resto de su tiempo. Este nuevo contexto determina una posibilidad de elegir, que antes no existía. Y cuando se le da la posibilidad de elegir, la mujer accede a un nuevo lugar y lo asume con absoluta certeza, porque no hay ninguna razón para que no lo haga. Es allí donde se produce el nacimiento de la nueva mujer. Una mujer que para asumir su condición de tal no necesita estar embarazada; una mujer que puede decidir más y mejor sobre su sexualidad, sobre su descendencia y sobre su participación en la sociedad y en la familia.

M. A.: Jorge señala una realidad objetiva que facilitó lo que vino después, algo que no fue un regalo. La mentalidad universal estaba afirmada en el concepto de que la mujer es un ser inferior, incapaz de desarrollar tareas consideradas patrimonio del varón. Las mujeres tuvieron que luchar arduamente para ganar sus derechos; pero hasta el día de hoy, incluso en la Argentina, la mujer no está en plena igualdad de condiciones frente al hombre. Por ejemplo, cuando se habla de la cuota de legisladoras que debe haber en una elección, se coincide en un 30 por ciento. Debería ser el 50 por ciento o no debería haber cuota. Hay discriminación; la mujer no tiene fácil acceso a una variedad de sitios. Incluso se elaboran razonamientos cada vez más hábiles y sofisticados para señalar que la mujer cumple una determinada función; sin embargo, dicha función que se le atribuye queda comúnmente asociada a la descalificación. Pese a que existen argumentos muy esmerados para darle el lugar más alto, los datos revelan que la mujer está siempre en un escalón inferior. Estudios en materia laboral sostienen, por ejemplo, que si una mujer gerente habla en un tono muy firme, es considerada "sargentona"; si se expresa con delicadeza, se la considera "blanda" o ineficiente. El hombre, en cambio, puede adoptar cualquier modalidad.

Octavio Paz dijo que la única revolución que triunfó en el siglo XX fue la emancipación femenina. Para mí esa revolución no triunfó plenamente aún. Sigue siendo difícil lograr la emancipación total porque, desde que hay historia, es decir, desde hace 5.000 años, cuando comenzó la escritura, en la sociedad patriarcal la mujer cumplía un papel dependiente; tenía que ser cuidada, protegida, no le estaba permitido deambular por la calle ni desarrollar ciertas tareas. En el campo médico, por ejemplo, las mujeres argentinas se iniciaron sólo avanzada la primera mitad del siglo XX. Recuerdo que cuando Krushev visitó los Estados Unidos como jefe de la Unión Soviética, alrededor de 1950 y tantos, blandió como argumento de la superioridad del sistema socialista el hecho de que en la Unión Soviética había más médicas que médicos. En los Estados Unidos esa situación todavía no se había alcanzado. Hasta en la Biblia se avala que el hombre está primero. En la historia de la creación se menciona que primeramente fue creado Adán y, de su costilla, como un apéndice, surge la mujer. Yo tengo otra versión —que menciono pidiendo permiso a los teólogos que se encuentren en la sala, para que no se ofendan—. Sé, como escritor, que detrás de un texto hay otro texto... ¿Qué pasó realmente en la Creación?

Dios, con sus hábiles dedos, hizo la escultura de un ser humano y, como cuenta la Biblia, le sopló su aliento y le dio vida. Entonces nació Eva (que en hebreo significa "vida"). Eva estaba sola en el paraíso. Después de un tiempo, Dios le dijo:

—No es bueno que la mujer esté sola; te voy a crear un compañero.

La durmió y de una costilla de Eva creó a Adán. Después de un tiempo de estar la pareja en el paraíso, Eva le dijo a Dios:

—Señor, ¿no es hora de contarle a Adán cómo fue nuestra historia?

Y Dios le respondió:

—De ninguna manera. Vamos a contarle la historia al revés, porque el varón es muy acomplejado...

(RISAS Y APLAUSOS)

J. B.: El relato de Marcos es clave. Como terapeutas, hemos aprendido que la mejor manera de disimular el sentirse inferior es mostrarse superior. Ésta es, muchas veces, la verdadera razón del patriarcado, del machismo, vinculada a esa sensación de inferioridad que los hombres sentimos, y agrego —ahora desde mí— que apropiadamente.

La concepción, la capacidad femenina de procrear, nos deja a los hombres en inferioridad de condiciones. Creo que siempre lo supimos y nos hemos ocupado de colocarnos en un lugar superior para disimular toda nuestra impotencia respecto de generar lo más importante que se puede generar: la vida. Así, hemos tratado de ser los que generamos todo lo demás: el trabajo, la plata, el poder. Éramos nosotros, supuestamente, los inteligentes, los que decidíamos los problemas, los que los resolvíamos, los que arreglábamos el cuerito de la canilla... ¡Como si esto fuera equiparable a parir un hijo! Claro que hoy los hombres nos encontramos más partícipes de lo que significa parir, y seguramente porque hemos empezado a privilegiar otras cosas. Esto habla muy bien no sólo de la lucha de los hombres sino también de la lucha de las mujeres, y sobre todo de la lucha compartida, que para mí es lo más importante.

M. A.: Es necesario recordar —y en esto debemos ser firmes— que durante largo tiempo la mujer fue identificada como la génesis del mal: la que tienta al hombre, la que lo lleva por el camino errado, la que debe cubrirse para no excitar su apetito, la que no puede hablar en voz alta. La mujer fue considerada un elemento inquietante y maligno del cual los hombres —para quienes fue creado el mundo— deben defenderse; lo vemos claramente en el monstruoso ejemplo de los talibanes. Voy a completar este tema con otra anécdota bíblica.

Desde el origen se menciona que la mujer fue la tentada por la serpiente y le dio a Adán la manzana. Ella es la culpable, porque aceptó la seducción, produjo la complicidad del varón y nos hizo perder el paraíso. Pero... ¿fue realmente así?

A mí se me ocurrió otra historia: en realidad, la serpiente se le acercó a Eva y, viendo que estaba junto a un manzano, le dijo:

"Eva, ¿no me cocinarías un *strudel*?". Ella cortó la manzana y... ¡se armó la podrida!

(RISAS Y APLAUSOS)

J. B.: Estamos abiertos para que ustedes levanten la mano, pidan el micrófono y participen en el libro...

Juan[1]: (*Toma el micrófono*) Juan. Si nosotros...

M. A.: ¿Su apellido?

Juan: (*Silencio*)

J. B.: O tu edad....

Juan: Demasiados...

M. A.: Juan Demasiados...

(RISAS)

J. B.: ¿86?... ¿93?...

Juan: Cerca, cerca...

J. B.: ¿104?

Juan: No, son dos dígitos...

J. B.: Si te llega a escuchar mi viejo que tenés menos de 85 y decís demasiados, viene y te mata... ¿No quisieras darnos algún dato para identificarte en el libro?

Juan: Juan... simplemente Juan.

J. B.: Bueno.

Juan: Si nosotros, los varones, somos inferiores y lo disimulamos con una aparente superioridad que no tenemos, eso significa que las mujeres son superiores y disimulan esa superioridad aparentando una inferioridad que no tienen. ¿Quién es el engañado?

J. B.: En principio, y ya que hablamos de disimular, a una mujer jamás se le ocurriría esconder su apellido en una situación como ésta. Una mujer podría decir sin problema: "Me llamo Fulana de tal". Lo señalo como un ejemplo de algunas de nuestras diferencias, nada más...

---

[1] NOTA: Los datos que acompañan el nombre de cada participante se basan en lo que cada uno eligió decir de sí mismo, en definiciones espontáneas. Por ello el lector se encontrará con que algunas personas dicen sólo el nombre, mientras que otras agregan edad, procedencia, estado civil, etc.

Si nos ponemos a hilar más fino, quizá no sea exacto decir que el hombre se cree inferior y se hace el superior, sino que estos dos hechos suceden simultáneamente. En la observación de la conducta de uno y otro sexo aparece la exigencia cultural para el hombre de esconder sus deficiencias. Los varones parecemos tener incorporada una cierta necesidad de demostrar. Digo que probablemente esta conducta sea generada por la incapacidad masculina de procrear, porque en ese punto los hombres somos *verdaderamente* inferiores. Ellas pueden hacer algunas cosas que yo no puedo, y parir es una fundamental. Es cierto, tal vez yo pueda algunas cosas que ellas no pueden; hombres y mujeres somos distintos en algunos aspectos, y nos hemos vuelto más y más diferentes con el paso del tiempo. No creo que haya engañados y engañadores; deduzco que hay una perversa complicidad entre los dos sexos. Tal vez a esto apuntaba tu pregunta, Juan. Pienso que ellas y nosotros nos hemos puesto de acuerdo para que ellas terminen de alguna manera sometidas. No hay ninguna duda de que los varones nunca estuvimos solos en esto; contamos con la ayuda de las madres, que han enseñado durante años a sus hijas que nosotros éramos superiores y que ellas debían obedecernos. Esas madres eran mujeres. ¿Cómo fue que las convencimos? Bueno, llevó algunos miles de años. Me parece que el mito bíblico al cual hacía referencia Marcos es la expresión de esta idea. No olvidemos —ya que vinimos bíblicos hoy— que, si bien uno de los castigos para Eva era parir con dolor, el otro era someterse a la voluntad de su marido. Esto está en la Biblia, que, más allá de la fe, es un referente mítico de nuestro origen. Ahora bien, si tu pregunta es si todo esto implica cierta superioridad "real" de las mujeres, quiero decirte que, si bien no está implícita, yo creo que sí, que en muchos aspectos, de verdad, ellas son superiores.

M. A.: La mujer puede boxear, puede jugar al fútbol... En los Estados Unidos, la mayor parte de los jugadores de nuestro fútbol son mujeres. En el mundo ocupan cargos de presidentas, ministras, legisladoras, etcétera. En contra de lo que se pensaba antes, hoy en día no hay actividad que la mujer no pueda realizar.

J. B.: Más o menos, Marcos. ¿Qué me decís de hacer pis de parado?...

(RISAS)

M. A.: Hay hombres que hacen pis de sentados, y mujeres que hacen pis de paradas... (MÁS RISAS). Las diferencias nos complementan y, como dijo Jorge, existen complicidades y juegos. Es parte de la sal de la vida. Y ojalá que muchas diferencias se mantengan.

El movimiento feminista comenzó equivocadamente, como ocurre con cualquier sector oprimido. Cuando se inicia la rebelión, lo primero que hace un sector oprimido es imitar a los opresores; reproduce su comportamiento, toma sus máscaras, copia sus características. La mujer, al principio, se sentía valorizada si podía dejar de pintarse o si usaba pantalones. Sin embargo, al adoptar esa actitud estaba descalificando sus propias cualidades, ya que daba la impresión de que conseguir la igualdad consistía en identificarse con el varón, no valorar sus propias características. No olvidemos que el machismo no es sólo una postura masculina; también hay mujeres machistas, aquellas que defienden la opresión.

J. B.: Con esto intentamos contestar la pregunta de Juan, y también el interrogante detrás de su pregunta: hombres y mujeres somos cómplices en esto que nos sucede. No hay un engaño de uno para con otro sino un orden preestablecido al cual todos contribuimos. Esto es cierto, y me encanta poder decirlo. Yo te agradezco esta primera pregunta, Juan, porque permite aterrizar en la conclusión, para mí evidente, de que en esta revolución de las mujeres también nosotros somos cómplices. Sin muchos de nosotros quizá jamás habría empezado.

M. A.: Debemos agregar otro dato, que vos, Jorge, conocés tan bien como yo. La emancipación femenina en materia sexual ha evidenciado patologías sexuales en el varón que antes no se mencionaban. Cuando había un problema de pareja, la culpa siempre era de la mujer. Ella era la frígida, la que tenía que hacerse atender y curar. Nunca se pensaba que el problema podía provenir del varón. Incluso, en muchas religiones se permite el divorcio cuando la pareja es estéril, porque se considera estéril sólo a la mujer.

José Antonio Portela (33 años, ingeniero agrónomo): Quisiera compartir una reflexión. Sobre la referencia a que en el pasado toda desavenencia en el matrimonio era endilgada a una conducta frígida en la esposa, recordé un pasaje de una obra de teatro de un escritor nacional contemporáneo (no recuerdo el nombre ni la obra, mil perdones) que resulta interesante por su enfoque. Según este autor, "la frigidez es una enfermedad de la mujer causada por hombres de labios paspados y uñas encarnadas"... Al escucharlos se me ocurre que quizá tenga razón.

Adriana Churriguera (coordinadora): Volviendo al tema de la emancipación femenina, si los hombres inventaron el mecanismo para el agua potable y son cómplices de nuestra revolución... ¡Son nuestros ídolos!

(RISAS)

J. B.: Llegaremos a ser ídolos de las mujeres sólo cuando podamos permitirnos que las mujeres sean nuestras "ídolas". El punto es abandonar la idea de la guerra y el enfrentamiento. A mí no me parece mal que las mujeres se enamoren de los hombres; de hecho me parece muy pertinente, dado que los hombres nos enamoramos de las mujeres. No digo que nosotros les hayamos dado el agua potable, sino que el agua potable vino, que esto sucedió y que, de alguna manera —pido disculpas a las mujeres que no estén de acuerdo, pero es mi opinión—, en la liberación de las mujeres los hombres participamos activamente, en especial los que apoyamos, sostenemos, queremos y empujamos esta idea. Quiero que sepan que no somos pocos y que a veces hasta tenemos que pelear con algunas mujeres que no quieren que esto suceda.

Liliana Fernández (psicóloga social): Quería decirle una cosa a Adriana. En la enciclopedia Durvan dice que este señor que descubrió lo del agua era casado, y en la página 1452 cuenta que la noche anterior al descubrimiento, la mujer, después de hacer el amor, lo encontró vulnerable y le dijo: "Mirá, viejo, yo sé que vos solo podés hacer todo, pero se me ocurrió algo para hacer el agua potable".

(RISAS)

J. B.: Qué suerte que quedó registrado el número de página...

M. A.: Esto me recuerda las picardías de Dalmacio Vélez Sarsfield, un prócer que se sintió cómodo con Rosas, después de Rosas, antes de Rosas, y en sus discursos citaba de memoria el Código Civil dando el número de cada una de las leyes. Una vez le preguntaron: "¿Cómo hace usted para recordar el número de cada ley? ¿Usa alguna regla mnemotécnica especial?". "No —respondió—, invento cualquier número. Total, cuando la gente va a buscarlo ya no se acuerda cuál dije".

(RISAS)

Padre Henry (Henry Wilson Rodríguez, sacerdote, de Medellín, Colombia): En vez de hablar de superioridad, ¿no sería mejor hablar de igualdad? Esto haría mucho bien. Una pequeña aclaración con respecto al relato bíblico: muchos lo han interpretado mal, como si mostrara la superioridad del hombre, y es todo lo contrario. Porque el relato dice que el Señor produjo en Adán un profundo sueño para que no advirtiera que era protagonista de la Creación. El relato bíblico apunta a mostrar que el hombre y la mujer son iguales. Por eso no dice que la mujer es sacada de la cabeza del hombre, para demostrar que la mujer no es superior; y tampoco dice que fue sacada del tobillo, para indicar que la mujer no es esclava del hombre. La zona media, la costilla, significa que hombre y mujer fueron creados para el amor y que son iguales. En algunas cosas ellas nos aventajan, y en otras cosas nosotros las aventajamos a ellas, pero al final vemos que hay un empate, ¿o no?

J. B.: ¡Un empate! Ojalá fuera así. Más allá de si lo es, lo importante es que existan personas que, como vos, puedan leer los textos sagrados de esa manera. Para mí, Henry, la interpretación que la gente hace lamentablemente no tiene que ver con la igualdad, y aunque el texto dé lugar a que algunos puedan aceptar tu mejor interpretación, lo que nos pasa es otra cosa. De todas formas vamos a dejar sentado hoy, aquí y para todos, que somos iguales en nuestras diferencias, que somos *diferentemente iguales*, que nadie es superior más allá de que se crea o se sienta por encima y asegurar (ya que estamos, porque vale la pena) que no hay ningún ser humano superior a otro ser humano, sea hombre, mujer, niño, blanco, negro, amarillo, pobre, rico... Por lo tanto, cualquier diferencia que uno haga en términos absolutos entre seres superiores e inferiores es una discriminación. Tanto desde los hombres hacia las mujeres como desde las mujeres hacia los hombres. Somos exactamente iguales, tan iguales que es nuestro compromiso, decía yo, que todos podamos pelear por esta igualdad de derechos.

María Inés Auguste (50 años, rosarina, madre de cuatro hijos y abuela): Yo voy a hablar con el corazón. Están mencionando posturas religiosas, historia... ¡A mí me ha tocado transitar tantos cambios! Me educaron de una manera... Quiero dejar unas pequeñas líneas de estas mujeres que trabajamos arduamente desde muy temprano en la mañana y volvemos tarde y no vemos a nuestros hijos y estamos solas, porque hubo un hombre en el que confiamos, con el que nos casamos y que no se hizo cargo. De verdad, me emociona esto, y creo que en la sala debe de haber otras mujeres como yo, luchadoras, que no sé si de la costilla, del pie o de qué parte del cerebro de Adán fuimos hechas, pero somos toda fuerza... Y bueno, estamos a veces haciendo de hombres aunque no queramos. Yo me defino como una mujer luchadora y les pregunto a ustedes cómo podemos seguir nosotras.

(APLAUSOS)

J. B.: Me encantaría no agregar nada a lo que dijiste, porque fue muy emocionante escucharte y sentí tu corazón abierto mientras hablabas. Pero quiero animarme a disentir en una sola cosa. No creo que estés haciendo de hombre; estás haciendo de la mujer que sos, mi vida. ¿De dónde sacás vos que mantener a una familia, amar a tus hijos y trabajar por ellos es hacer de hombre? Ésta es la postura machista. Allí comienza el error, cuando las mujeres creen que al irse el padre de sus hijos tienen que hacer "de padre y madre". No existe eso de ser "padre y madre". En todo caso es el rol de una madre donde no hay un padre; es el rol de una mujer que tiene hijos y que lucha por sus hijos, de la misma manera que lucharía un hombre si no estuviera su esposa para criarlos... espero, y ojalá fuera así. Insisto: no creo que estés haciendo el rol de ningún hombre; creo que estás haciendo el rol de una maravillosa mujer. Y de paso, en nombre de tus hijos, gracias por eso.

(APLAUSOS)

Verónica González (32 años): A mí me tocó pasar este último tiempo por un momento muy difícil de salud, que nunca pensé poder superar. La vida me enseñó que tener un hombre maravilloso al lado, como el que tengo, que me banca todo, que me perdona todo, que me acepta tal cual soy, que me ama con todas las diferencias, es lo que realmente trasciende, más allá del machismo y del feminismo. Para mí lo más importante es el amor. Y como vos decís, Jorge, la pareja son tres: el yo, el otro y el nosotros. Hablo únicamente desde mi mundo. No puedo pretender que a todos les pase igual. La señora decía "el hombre que se fue"; yo tengo "el hombre que está". En este momento está al lado mío, y yo, delante de todos ustedes, quiero hacerle este homenaje y decirle que lo amo con toda mi alma, así como somos... iguales y diferentes.

(APLAUSOS)

J. B.: (*A Verónica González*) Con esta propaganda, si en algún momento, por alguna razón, estás dispuesta a cederlo, acá hay algunas que se van a anotar... (RISAS). Me parece que la suma es fantástica. Ser iguales y ser diferentes no necesariamente es incompatible. Somos todos iguales, tan iguales que somos todos igual de diferentes. Esta igualdad no tiene que ver con creer que todos tenemos que pensar lo mismo; no es la igualdad de la tabla rasa, es la igualdad esencial y no circunstancial.

M. A.: (*Sorprendido*) El elogio del marido... Puede llegar a ser un buen texto.

(RISAS)

J. B.: (*Sobre Verónica González*) Y esperemos que sea del marido, digo yo... ¿no? Porque si no... no quieras saber lo que va a costarle este comentario público...

(RISAS)

Cristina Cristi (psicóloga laboral): Para hablar de pareja, debemos tener en cuenta que los roles del hombre y la mujer como los conocimos no funcionan más. Actualmente, el 80 por ciento de los hombres de la generación del 40 y del 50 no llegan a ser adultos. El cambio de roles se da porque las mujeres estamos solas: solteras, viudas, separadas, con hijos o con padres a cargo... Nos despiden... nos estafan... y siempre salimos adelante, luchamos, comenzamos de cero y sobrevivimos sin ser carga para nadie. El hombre (más allá de que el 90 por ciento, a los tres meses de separado, ya está viviendo con alguien) se transforma en un ser dependiente, que busca apoyo en las mujeres, que está "pisado" por una nube de culpa que le impide reclamar nada. Esto predetermina la posición de las mujeres autodependientes: las dependientes aceptan a estos individuos y los mantienen para crearles dependencia afectiva; las autodependientes, en cambio, no aceptamos ser muletas de otros, como tampoco usamos a otros como muletas. Para mí esta situación actual predetermina cualquier relación de pareja. Es lamentable que estos individuos no estén en condiciones de asumir un compromiso.

J. B.: No me parece que se pueda generalizar; pero para aquellos que el sayo les calce, aquí queda tu reclamo.

Damián (20 años): Cuando yo tenía 15 años falleció mi papá, que tenía 71. Tuve que asumir, ayudando a mi mamá, el rol de padre... (Disculpen si me pongo nervioso). Se ha hablado de separación. ¿Qué pasa ante un accidente o un fallecimiento? ¿Cómo sigue esa familia? Mi mamá tiene 60 años, y mi hermano, 17. Yo tomé el papel de padre a los 15 años. Algunas decisiones me costaron. ¿Cómo hace una persona cuando falleció su papá? ¡Yo lo vi morir, estaba al lado mío, como usted lo tiene a Jorge! Verlo suspirar, verlo fallecer... ¿Y cómo se hace, si hay amor en la pareja, para que perdure y a los hijos no les haga mal el día de mañana? O tratar de que esos chicos no se pongan mal cuando se ponen de novios, que no tengan miedo. Yo nunca he estado de novio. Y tengo miedo. Porque vi fallecer a una persona, que fue mi papá, al lado mío. Entonces tengo miedo. Yo vengo de Bigan, a 70 kilómetros de acá.

M. A.: Te voy a contar mi experiencia. Estuve casado treinta años con una maravillosa mujer con la que nos amábamos intensamente. Fuimos muy dichosos, compartimos momentos difíciles, tuvimos cuatro hijos. Y de repente ella falleció. El mensaje que yo transmití a mis hijos fue: "En homenaje a mamá tenemos que seguir adelante, porque ella se sentiría muy desencantada si el amor que vertió en nuestra familia, en la crianza de los hijos y en el vínculo conmigo, terminase en una ruina. Le provocaríamos una gran tristeza si no tratáramos de conservarlo". Su recuerdo nos ayudó a seguir adelante. Los primeros años se anda con muletas, hasta que se elabora el duelo. Pero después se aprende a marchar mejor. En ese tiempo uno trata de hacer cualquier cosa: encontrarse con amigos, trabajar, salir, viajar, formar otra pareja. Todos los medios son válidos, porque hay que salir del pozo. El mandato es no seguir al imán de la muerte.

La muerte se produce y, en homenaje al ser que nos acompañó, debemos continuar en la vida. Esto fue lo que pasó con nosotros. Seguimos adelante y el recuerdo de ella continúa muy vivo; pero ya no se mantiene sobre la base del aspecto trágico u oscuro, sino diciendo: "Qué orgullosa estaría mamá si hubiese vivido esto". Y me parece, esto mismo te ha ocurrido a vos.

Friedrich Nietzsche escribió: "Aquello que no nos mata nos fortalece". Cuando se enfrenta un desafío terrible y se logra superarlo, siempre se sale fortalecido.

J. B.: Mirá, Damián, yo estoy muy conmovido por lo que contaste y te lo agradezco mucho en honor a tu viejo, que ha hecho de vos esta persona que sos. Quiero regalarte un cuento.

Había una vez una isla, donde habitaban todas las emociones: el Miedo, la Sabiduría, el Odio, el Amor... Un día, la Sabiduría reunió a todos los que estaban en la isla y les dijo:

—Tengo una mala noticia para darles: la isla se hunde.

Todas las emociones que vivían en la isla dijeron:

—¡No! ¿Cómo puede ser? ¡Si nosotros vivimos aquí desde siempre!

La Sabiduría dijo:

—*La isla se hunde.*

—*¡Pero no puede ser! ¡Quizás estés equivocada!*

—*Yo nunca me equivoco.*

—*¿Pero qué vamos a hacer ahora?*

Entonces, la Sabiduría contestó:

—*Bueno, ustedes, no sé... Yo les recomiendo que hagan un barco, un bote, una balsa o algo para dejar la isla. La Previsión y yo hemos construido un avión para volar a la isla más cercana.*

Las emociones exclamaron:

—*¡No! ¡Pero no! ¿Y nosotros?*

Dicho esto, la Sabiduría se subió al avión y, llevando como polizón al Miedo, que como no es sonso ya se había escondido abordo, dejaron la isla. Todas las emociones se dedicaron a construir un bote, un barco, una balsa como la Sabiduría les había aconsejado... Todos... salvo el Amor. Porque el Amor dijo:

—*Dejar esta isla... después de todo lo que viví aquí... ¿Cómo podría yo dejar cada cosa?*

Y mientras cada uno se dedicaba a construir una manera de irse, el Amor se subió a cada árbol, olió cada rosa, se fue hasta la playa y se revolcó en la arena como solía hacerlo en otros tiempos, tocó cada piedra... y quiso pensar: "Quizá se hunda un ratito y después...". Pero la isla... la isla se hundía cada vez más. Sin embargo, el Amor no podía pensar en construir, porque estaba tan dolorido que sólo podía llorar y sufrir por lo que perdería.

Finalmente, de la isla sólo quedó un pedacito; el resto había sido tapado por el agua. En ese momento, el Amor comprendió que si no dejaba la isla desaparecería para siempre de la faz de la Tierra. No tenía tiempo para construir su propio barco, así que se paró en la bahía para ver si alguno de los otros habitantes que dejaban la isla lo podía llevar. Entonces vio venir a la Riqueza y le dijo:

—*Riqueza, vos que tenés un barco tan grande, ¿no me llevarías hasta la isla vecina?*

Y la Riqueza le contestó:

—*Estoy tan cargada de dinero, de joyas y de piedras preciosas, que no tengo lugar para vos. Lo siento* —*y siguió su camino sin mirar atrás.*

Luego vio venir a la Vanidad en un barco hermoso, lleno de adornos, caireles y mármoles, y le dijo:

—Vanidad... Vanidad... llevame con vos.

La Vanidad miró al Amor y le respondió:

—Yo te llevaría, pero... ¡estás tan desagradable, sucio y desaliñado... que afearías mi barco! —y se fue.

El Amor vio venir entonces un barco muy pequeño, el último, el de la Tristeza.

—Tristeza, hermana —le dijo—, vos sí me vas a llevar, ¿verdad?

Y la Tristeza le contestó:

—Yo te llevaría, pero estoy tan triste que prefiero seguir sola —y sin decir más se alejó.

Sabiendo que no iba a existir en el futuro, el Amor se sentó en el último pedacito de isla que quedaba y, de pronto, oyó una voz que le chistaba:

—Chst-chst-chst...

Era un viejito que le hacía señas desde un bote. El Amor lo miró.

—Sí, sí —dijo el viejito—, a vos. Vení conmigo, yo te salvo.

El Amor subió al bote y empezaron a remar para alejarse de la isla, que en efecto terminó por hundirse y desaparecer. Cuando llegaron a tierra, el Amor comprendió que seguía vivo, que iba a seguir existiendo gracias a este viejito.

Entonces, el Amor se cruzó con la Sabiduría y le dijo:

—Yo no lo conozco y él me salvó, ¿cómo puede ser? Todos los demás no comprendían que me quedara; él me ayudó y yo ni siquiera sé quién es...

La Sabiduría lo miró a los ojos y dijo:

—Él es el Tiempo. El Tiempo es el único que puede ayudarte a seguir cuando el dolor de una pérdida te hace creer que no podés.

(APLAUSOS)

Marité (santafesina, no rosarina): ¿Cómo hace una mujer, enamorada del mismo hombre desde el año 69, cuando ese hombre se cae un poco, y un día una se pone los pantalones y el psicólogo le dice: "Bueno, si te pusiste los pantalones, te los pusiste por unos días, pero no te los dejes para siempre"? ¿Cómo me los saco yo para darle el lugar a ese hombre otra vez?

M. A.: Dentro de una familia existen papeles inevitables: el del padre, el de la madre, el del hijo... Los papeles siempre existen, pero no siempre están a cargo de las mismas personas. Es decir, el papel del padre lo puede ejercer la madre; el del hijo puede desempeñarlo el padre, o la madre... Se van intercambiando. Lo lógico sería que cada integrante de la familia ocupe la función que se supone le correspondería. Pero esto se relaciona con la personalidad que cada uno trae, con el modo en que el hombre y la mujer se unen y desarrollan un vínculo. Aquí aparece el tema de los diferentes modelos de pareja. En el primer caso que escuchamos *(se refiere a María Inés Auguste)*, la mujer todavía estaba educada según la noción de que necesita obtener la protección del hombre, su cuidado y su compañía; y cuando el hombre se va, sufre un abandono que puede llegar a paralizarla, porque esa mujer no está preparada para ser ella misma, para ser independiente. Sólo la prepararon para pasar de las manos protectoras, reconfortantes y omnipotentes del padre a las manos protectoras, reconfortantes y omnipotentes del marido. En consecuencia, cuando no tiene marido, no tiene nada más. A veces se apoya en el hijo, pero como una carga, como si no tuviera entidad propia. Esto es lo que está cambiando actualmente, con la igualdad entre hombres y mujeres. Aparece la mujer que es válida por sí misma, que tiene suficiente autoestima y que sabe luchar. También hay hombres abandonados por mujeres que se desmoronan, se sienten lastimados y pueden llegar a la parálisis; no son solamente las mujeres las abandonadas. En esta sociedad igualitaria aparecen nuevos conflictos.

J. B.: Quisiera agregar un comentario, porque no quiero que te me escapes sin escucharme. *(A Marité)* No te pongas los pantalones, amor; desde tu pollera podés hacerte cargo de lo que haga falta. No es necesario que lo enuncies como que tuviste que "ponerte los pantalones", porque en realidad no hay ningún pantalón suelto. La historia está en arremangarse y trabajar a la par. Y si tu socio está herido, ésta es tu responsabilidad. No te pongas su ropa, que con la tuya alcanza.

(APLAUSOS)

Carolina Forastieri: Yo hablo desde el punto de vista de padres separados. Usted, Jorge, dice que no coincide con la idea de "ponerse los pantalones". Pero si la figura del padre está ausente, muchas veces los hijos les exigimos a las madres que se pongan en ese papel.

J. B.: Te agradezco que hables en primera persona. Entiendo muy bien lo que decís. Yo te voy a hablar desde mí. Una madre que está peleando la vida sola no es, repito, una madre y un padre; es una madre. Y me parecería denigrante para mi mamá, si tuviera que pelear la vida sin mi papá, decirle que tiene que transformarse en un padre para esto; me parece bastardear lo que significa ser una mujer. En todo caso, los hijos pueden pedirle a la mamá que asuma la responsabilidad, que asuma el rol, pero no tiene que convertirse en un padre para esto.

Carolina Forastieri: De grandes lo entendemos, pero de chicos no.

J. B.: Lo mejor que le puede pasar a un nene de cinco años es que su mamá sea una mamá. ¿Le vamos a pedir también que se ponga bigotes, que se vista de hombre para llevarnos a la cancha, que haga de padre para enseñarnos a gritar un gol? No. Pidámosle, en todo caso, que sea una madre capaz de acompañarnos a la cancha. Pidámosle que sea una madre que juegue a la pelota con nosotros si es esto lo que queremos. Aprendamos, como hijos a no exigirles a nuestros padres que sean lo que no son. Una mamá es una mamá, aunque tenga que ocupar otro rol en determinadas circunstancias. Tu posición es demasiado exigente. Nuestra madre, que se hace cargo de un montón de cosas que usualmente compartiría en responsabilidad con otro, ¿encima tiene que renunciar a su identidad, a su ser mujer? Me parece pedir demasiado.

Rita Sileo (docente y terapeuta): Me siento inspirada por lo que dijo el padre Henry sobre el complemento. Hablando del amor, el nuevo papel corresponde tanto al hombre como a la mujer. Empezar a vibrar en el amor significa ser responsables de nuestro crecimiento personal, mirarnos hacia adentro, aceptarnos. Ésta es la única manera de amar y valorizar al otro. Nuestros hijos y los hijos de nuestros hijos, con dos corazones que vibren, a veces juntos y otras veces a distancia, podrán construir una vida mejor para todos. Tratemos de ser uno con respecto a la Biblia, pero también a la imagen del Tao. Dejémonos de tanta vuelta y tratemos de complementarnos.

J. B.: Está muy bien, pero quiero dejar aclarada mi posición: juntos sí, mezclados no; juntos sí, pegoteados no; juntos sí, fusionados no. Yo no estoy de acuerdo con que seamos uno. La verdad es que puedo amarte con todo mi corazón, pero no quiero ser uno con nadie. Quiero ser uno conmigo. No quiero que seas mi media naranja; quiero que seas una naranja entera, que te encuentres conmigo, que soy otra naranja, y juntemos nuestros jugos, pero no nuestras identidades.

M. A.: Esto es importante, porque "ser uno" da lugar a confusión. Igualdad no significa ser idénticos, perder nuestras diferencias. Queremos la igualdad de oportunidades, de derechos, pero no uniformarnos. Por suerte, cada uno de nosotros es, como ya he dicho en otras ocasiones, una galaxia completa e insustituible. Cuando muere una persona, es como si se apagara una galaxia entera que jamás podrá reproducirse en forma idéntica. Y por mucho que alguien se parezca a nosotros, nunca podrá ser idéntico. Ese carácter exclusivo de cada ser humano es precisamente lo que le da el valor infinito que tiene. Por lo tanto, reconozcamos que somos distintos, muy distintos, pero que debemos bregar por la igualdad de derechos y oportunidades.

J. B.: Nos gustaría dar fin a este tema leyéndoles algo que salió publicado en la revista *Fempress* en abril de 1992, lamentablemente sin nombre de su autor. Dice así:

> *Por cada mujer que está cansada*
> *de actuar como si fuera débil aunque se sabe fuerte,*
> *hay un hombre que está cansado*
> *de aparentar que es fuerte aunque se sabe vulnerable.*

Por cada mujer que está cansada
de actuar como una tonta,
hay un hombre que está agobiado
por la exigencia de tener que demostrar que lo sabe todo.

Por cada mujer censurada
por ser poco femenina porque compite,
hay un hombre para quien la competencia
es la única manera de demostrar que es masculino.

Por cada mujer que está cansada
de ser considerada como un objeto sexual,
hay un hombre que se cree exigido
a demostrar que es potente en la cama.

Por cada mujer que se lamenta
de vivir el riesgo de un embarazo no buscado,
hay un hombre que sueña
con haber experimentado la sensación de parir un hijo.

Por cada mujer que no tiene acceso
a un trabajo satisfactorio y un salario justo,
hay un hombre que debe asumir
la responsabilidad económica creyendo que le corresponde.

Por cada mujer que da un paso
hacia su liberación,
hay un hombre que descubre
que el camino hacia su propia libertad
se ha hecho,
    gracias a esa mujer,
        un poco más fácil.

2
DIFERENCIAS, SEPARACIÓN, INFIDELIDAD

Adriana Churriguera (coordinadora): Marcos, Jorge... Las diferencias generan conflictos, y los conflictos, peleas... Si las diferencias son inevitables, ¿no se vuelven obstáculos insalvables para una relación? ¿Puede existir el amor eterno?

J. B.: De por sí, el juramento del amor eterno es un juramento mentiroso. ¿Cómo podría yo jurar que voy a sentir lo que ni siquiera puedo controlar y manejar? En todo caso es una expresión de deseo. Yo puedo desear amarte para siempre, puedo apostar mi vida a esa posibilidad, pero jurarte... imposible. Sin embargo, a medida que el tiempo fue pasando, los terapeutas nos hemos vuelto más cautos en nuestro juicio sobre la separación. La generación anterior a nosotros tenía una postura más permisiva al respecto. Hoy los terapeutas que nos ocupamos de parejas somos más peleadores, sobre todo si hay hijos, hoy nos interesa más defender el matrimonio, hoy no pensamos que sea tan sencilla la historia de separarse. Creemos que tiene un costo, y que no es menor. Así que luchamos cada vez más para que las parejas sean duraderas. Y cuando no hay más remedio que enfrentarse con una separación, nunca lo vivimos como un festejo o una alegría. Un divorcio en una familia es siempre un hecho doloroso.

M. A.: Sí, toda separación es un fracaso. Aunque muchas separaciones pueden devenir en un arreglo. Esto ha llevado a una frase que tiene la sabiduría que da muchas veces el humor: "No solamente los matrimonios fracasan; a veces también fracasan los divorcios". Hay numerosos casos; no son excepciones. Pareciera que en algunas circunstancias la complejidad humana necesita de esa fractura, ese dolor del corte que da por terminada una etapa, para que los integrantes de la pareja, al estar solos, reflexionen, vean el mundo de otra manera y se den cuenta de que realmente se amaban.

Lo que dijo Jorge es cierto. Hubo una época en la que se procedía con demasiada ligereza y se pensaba que los divorcios no generaban problemas en los niños. Pero hoy en día se sabe que no es así. Constituir una familia significa asumir un compromiso muy serio. Lo que falta en la organización social de todos los países son escuelas para padres. Los padres tienen hijos sin darse cuenta de la responsabilidad que asumen. Es muy fácil engendrarlos, pero educarlos, cuidarlos, criarlos, darles amor... La mayoría de los gestos de resentimiento y violencia que abundan en el mundo se debe a que en las familias no reina el amor. Muchísimos padres no saben transmitir amor, lo cual es muy grave. De modo que, cuando hablamos del amor y la pareja, tenemos que mencionar también la responsabilidad. Aquí agregaría algo que escribió hace tiempo Erich Fromm en su tan difundido libro *El arte de amar*. Él decía que cuando se constituye un lazo amoroso erótico —una relación de pareja—, no sólo hay una decisión generada por la emotividad del momento, sino también un factor que no debería dejarse de lado: la voluntad. Cuando se jura el amor eterno, se está diciendo: "Yo haré todo lo posible para que este amor sea eterno". Para ello la pareja debe saber, desde el primer instante, cultivar ese amor todos los días.

Noelia (21 años, rosarina): Marcos, no creo que la separación implique un fracaso personal, sino todo lo contrario. Fracaso sería seguir engañándonos a nosotros mismos tratando de fingir que las cosas están bien. Cuando se quiebra la confianza, la decisión de la separación implica una valoración por uno mismo que muy pocos se animan a sentir.

M. A.: Siempre que esa valoración por uno mismo no conlleve una agresión al otro. Porque otro elemento que no debe olvidarse nunca es que ningún miembro de una pareja constituida sobre el amor tiene el derecho de agredir profundamente a la otra parte. Esto jamás debería hacerse. A menudo, cuando hay divorcio, la guerra por la división de bienes o por quién cuida a los hijos es un modo de vengar esa ofensa que no debió ocurrir nunca. El lazo de amor está estructurado por la recíproca confianza, la entrega y la lealtad, y la ofensa es, por lo tanto, un golpe terrible.

Adriana Churriguera (coordinadora): Hablando de esta confianza que no se puede quebrar, ¿qué pasa con la infidelidad?

M. A.: Cuando titulamos esta charla, yo le propuse a Jorge llamarla "El amor y la fidelidad". Entonces él me dijo: "¿El amor y qué?". (RISAS) Los invito a preguntar y opinar sobre el tema antes de que nosotros quebremos el suspenso...

J. B.: Perdón. Antes de empezar, les aclaro que nosotros no queremos ser responsables de nada. Sugerimos que hagan las preguntas sobre infidelidad diciendo: "Me llamo Fulana de tal, tengo una amiga a la que le pasó...".

(RISAS)

Ana Gonta: Yo...

J. B.: (*Interrumpe*) Tengo una amiga...

(RISAS)

Ana Gonta: No, justamente no se trata de una amiga, sino de mis padres. Él tiene 93 años; ella, 85; hace sesenta y cinco años que están casados. Les voy a contar brevemente una historia de amor. Mi familia la convenció de que se casara, o sea, medio por obligación. Y hoy en día mi madre bendice el haberse casado con este hombre, porque formaron una pareja magnífica.

J. B.: (*A Ana Gonta*) Te aclaro que ésta es la historia de tus padres y de muchos otros matrimonios.

Ana Gonta: A eso quería llegar: que no sólo hay separaciones, sino también ejemplos de amor y de haberlo regado todos los días.

J. B.: Seguro. Los vínculos amorosos se construyen. Sin embargo, se construyen mejor cuanto mejor y más responsable haya sido la elección de pareja, porque de lo contrario se transforma en un tema azaroso. Hasta hace pocos meses yo le escuché decir a mi mamá, que tiene 78 años: "El matrimonio es una lotería; si te toca, te toca...". Y lo decía porque en la historia de la no elección las cosas funcionaban como en el caso de tus padres:

cuando todo terminaba bien, era un festejo; pero cuando terminaba mal, era un destrozo... producto de la mala suerte.

M. A.: Cuando termina mal, se puede aplicar esta fórmula: "El amor es ciego y el matrimonio es el oculista". (RISAS) Aunque conviene que el oculista funcione antes de que se termine el amor.

J. B.: *Amarse con los ojos abiertos*[2], el libro que escribí junto con Silvia Salinas lleva ese título por esto mismo: hace falta abrir los ojos, amarse en verdad viendo al otro. Y hace falta enfrentarse con las cosas que, de alguna manera, están en lo que Marcos y yo venimos diciendo y escribiendo desde hace años. A mí me gustaría, Marcos, que hablaras un poco de tu libro *La profanación del amor*[3].

M. A.: Es una novela que refiere la historia de un personaje que quiere evitar separarse de su esposa, porque en ese momento empezó a enamorarse de otra mujer. Los que la han leído saben que, como un modo compulsivo de evitar la tentación, él logra que esa muchacha de quien él se está enamorando se case con su mejor amigo. Busca crear barreras. Pero se enamora de todos modos. Y ya no sólo traiciona a su esposa, sino que también traiciona al amigo. El asunto se complica. Pasan muchos años de un amor clandestino, que tiene el encanto de todo lo secreto. No olvidemos que el ser humano es muy complicado, y que lo prohibido —esto ya lo señaló San Pablo— atrae inmensamente. Después de muchos años el protagonista decide blanquear su situación. Se aleja de su esposa, se lo comunica a sus hijos, a su mejor amigo, y en ese momento siente tanta culpa que empieza a vomitar; entonces es el amigo quien debe asistirlo a él. El protagonista se va a vivir con la amante, que se convierte en su esposa, y la nueva pareja comienza a fracasar. Porque al legalizarse pierde el encanto de la ilegalidad que hasta ese momento la alimentaba.

---

[2] Jorge Bucay y Silvia Salinas, *Amarse con los ojos abiertos*, Buenos Aires, Del Nuevo Extremo, 2000.

[3] Marcos Aguinis, *Profanación del amor,* novela, Buenos Aires, Planeta, 1989.

Pues bien, no les cuento el sorprendente final, pero quiero decirles que las historias que generamos los seres humanos son extremadamente complejas. Con mucha más claridad lo dice Jorge en *Amarse con los ojos abiertos*, una novela muy actual, donde incluso la computadora se comporta como un protagonista de primer plano. El texto va desarrollando el progresivo acercamiento entre dos personajes que no se conocen y, en forma paralela, pone en escena todas las teorías que actualmente funcionan para tratar problemáticas de pareja. Es decir, la novela entretiene al lector al tiempo que le ofrece un curso magnífico de psicoterapia de parejas.

J. B.: Bueno... Muchas gracias. Este espacio ha sido auspiciado por nuestras respectivas editoriales... (RISAS). La verdad es que la pareja no puede ser un tema azaroso. La responsabilidad que implica parir hijos es demasiado importante como para dejarla librada al azar de que alguna vez podamos construir un matrimonio donde circule el amor. No puede ser "una lotería"; tiene que haber una cuota de responsabilidad más una cuota de decisión más una cuota de madurez. Nuestros hijos se han vuelto más inteligentes y posiblemente por eso la edad promedio del comienzo de un matrimonio va en aumento. Nuestros hijos están buscando la posibilidad de elegir mejor; no quieren aterrizar en las historias de los divorcios y las separaciones por haber perdido el camino. Ellos quieren elegir responsablemente a su pareja. Esta búsqueda condujo, paradójicamente, a que los primeros vínculos sexuales sucedan de manera precoz y en las parejas jóvenes terminó por establecer como naturales las experiencias de convivencia premarital. Se trata de intentos, búsquedas, maneras de encontrar la fórmula para garantizar el futuro de estas parejas cuando decidan tener hijos. ¿Será o no será ésta la forma adecuada? Podemos charlar sobre el tema, pero lo que no se puede sostener es que nuestras parejas queden libradas al azar. Pensar "Me separo simplemente porque ya no estoy enamorado" no tiene ningún asidero, sobre todo porque la pasión enamoradiza, esto que nosotros llamamos "estar enamorado", no puede durar demasiado. Pensar que nuestra pareja se va a sostener en aquella pasión que tuvimos en aquel momento es, de verdad, absurdo. El amor es mucho más que el enamoramiento, la pasión, la ceguera y el deslumbramiento del primer encuentro. El amor, en todo caso, tiene que ver con el modelo de vínculo que tengamos y, sobre todo, con cuánto me importa ayudar a que seas quien sos. Más allá de si éste que sos es el que a mí más me conviene que seas, amarte significará ser capaz de trabajar para crear un espacio de libertad tal para vos, que puedas elegir hacer lo que a vos te gusta aunque no sea lo que a mí me conviene.

(APLAUSOS)

Josefina (estudiante de psicología): ¿Por qué si decimos que hoy hay más libertad para elegir la pareja es más corriente el fracaso matrimonial?

M. A.: Que haya más libertad de elección no garantiza que siempre elijamos bien. Los gustos, expectativas y valores que predominan a los veinte años no son idénticos a los que predominan a los cuarenta o cincuenta.

J. B.: "Cuando el hombre y la mujer tenían una vida programada de cuarenta y cinco a cuarenta y ocho años en total, con un amor alcanzaba para toda la vida, pero ahora que uno vive setenta y cinco u ochenta... con un solo amor no alcanza; por lo menos dos", dice la tía Etelvina, el personaje de Ángeles Mastretta.

Padre Henry: Nosotros, los hombres, somos un poco raros. Veo, como sacerdote, a muchas parejas a punto de divorciarse o de separarse. Entonces, la primera pregunta que hago es: "¿Tú lo amas a él?". Y ella me dice: "Sí". Cuando le pregunto a él, me contesta lo mismo. Entonces, yo pregunto: ¿cuál es el problema? ¿Cómo puede ser que estén a punto de divorciarse? Muchas parejas se divorcian, no porque no se amen, sino porque no saben cómo amarse.

J. B.: Muy bien. Me encanta discutir esto en público. Pero estoy totalmente en desacuerdo... Si bien es verdad que muchas parejas se separan porque no saben cómo amarse, no creo que con el amor sea suficiente, como sugiere tu comentario. Para mí, la pareja se apoya en otra cantidad de cosas además del amor. Y cuando yo las nombre, tú, Henry, me vas a decir: "Ah, pero eso forma parte del amor". Y yo te diré: "Bueno, podemos poner en el amor cualquier cosa, porque todo lo bueno le cabe". Pero definido el amor desde el lugar del interés por el bienestar del otro, el amor no alcanza, aunque sea doloroso admitirlo, para que yo quiera estar con alguien el resto de mi vida. Me puede interesar muchísimo tu bienestar y tu crecimiento, y no por eso querer seguir viviendo contigo. Para sostener una pareja, además del amor tiene que haber un proyecto compartido, confianza incondicional, respeto, cierta capacidad de hacer cosas juntos. Puedo amarte mucho, pero si resulta que no somos capaces de reírnos de las mismas cosas, si todo lo que a mí me causa gracia a ti te aburre, si todo lo que a ti te parece divertido a mí me molesta, no sé si podré estar contigo. Si yo pensara que por el hecho de amar a alguien me puedo casar con él, entonces tendría que irme a vivir con mi suegra, lo cual de sólo pensarlo me tiene muy preocupado...

(RISAS)

Padre Henry: Pero a veces puede suceder que me moleste lo que a ti te divierte o me cause gracia lo que a ti te inquieta, pero si hay amor...

J. B.: Hay algunos lugares de desencuentro donde los caminos se dividen. Si yo amo a alguien, no quiero que siga mi camino, que no es el suyo. Puedo entender, Henry, tu posición. Tú eres un sacerdote. Partimos desde lugares diferentes y me parece bien que pensemos diferente. Pero, en todo caso, dejemos establecido, por lo menos, que hay dos posturas. La tuya, la de un sacerdote, que establece que el amor debería ser suficiente; y la mía, la de un terapeuta, que cree que con el amor no alcanza. Por suerte, cualquiera puede elegir la postura que más le sirva.

(APLAUSOS)

M. A.: Quisiera agregar un comentario en cuanto a la separación y el divorcio en relación con la familia y los hijos. Estamos frente a desafíos novedosos, cambios trascendentales en la estructura de la familia. Aún no en nuestro país, pero sabemos que en otros lugares las parejas de homosexuales pueden adoptar niños. Hace una década, cuando se comenzó a hablar de "los míos, los tuyos y los nuestros", el tema era una revolución. Por supuesto, trajo problemas, dificultades, soluciones diversas. Continuamos intentando volver al esquema primario, el más simple, como si fuera el más perfecto. Pero no depende de nuestra voluntad. A medida que la sociedad avanza, aparecen situaciones inéditas, y paulatinamente iremos resolviendo estos desafíos. Lo principal es que, más allá de las variantes, los niños sientan que en su hogar hay una fuente de amor poderosa. Puede faltarnos el padre o la madre, por supuesto. Puede faltarnos simplemente porque abandonó el hogar, o porque falleció. ¿Qué ocurre entonces? El padre o la madre que quedó debe proveer a los hijos de ese amor intenso que, en última instancia, es lo más necesario. Todo ser humano quiere y necesita ser amado. Al respecto, Jorge tiene un relato muy significativo que le pido cuente ahora, porque da la clave de grandes problemas sociales que estamos padeciendo por falta de ese amor.

J. B.: Esta necesidad humana es de tal magnitud que no podemos estar bien sin sentir que alguien nos ama, nos da su aprobación y su cariño. El relato que Marcos me pide es el siguiente. Si por alguna razón no consigo ser querido por la persona que quiero, quizás empiece a tratar de sustituir o trastocar ese amor, que el otro no siente, por un sentimiento distinto. Y la manera más común de hacerlo es tratar de ser necesitado, esto es, ponerme al servicio del otro para intentar satisfacer todas sus necesidades. Entonces trato de hacer cosas para que me necesite, por ejemplo: le resuelvo problemas, me vuelvo su proveedor. Porque si consigo que me necesite, hasta puedo hacerme la ilusión de que me quiere. Pero puede suceder que el otro sea tan autosuficiente que yo ni siquiera consiga que me necesite, y entonces... ¿qué voy a hacer? Bueno, tengo un recurso más: voy a intentar que me tenga lástima, que se apiade de mí. Porque si doy lástima, el otro se va a ocupar de mí, y esto, ante mis ojos necesitados, se parece mucho al amor. Pero puede suceder que el otro se oponga a sentir lástima por mí, que ni siquiera consiga su piedad... Y como no tolero su indiferencia, entonces, a veces, hago cosas para que, aunque más no sea, me odie...

Muchas veces los hijos, pensando que nuestros padres no nos querían, hemos intentado manipularlos tratando de generar rechazo, bronca, enojo. Cualquier cosa es mejor que no ser querido.

Digo yo, un poco en broma y un poco en serio, que hay gente empecinada... Hay gente que no sólo no me quiere, no me necesita y no se apiada de mí, sino que encima ¡se resiste a odiarme! ¡Qué mala persona! (RISAS). Me deja en un lugar tan complicado... Pero yo no soporto su indiferencia. Entonces tengo todavía una jugada más: si no he conseguido que me quiera, no he conseguido que me necesite, no he conseguido que se apiade de mí, no he conseguido ni siquiera que me odie... entonces, ahora, voy a intentar que me tenga miedo.

(RISAS Y EXCLAMACIONES DE ASOMBRO)

Hay gente que no puede separarse de alguien si no genera odio; tiene que enojarse furiosamente para conseguirlo; entonces la separación se transforma, no en una separación entre dos adultos que eligen sino en una estructura de venganza, resentimientos o historias donde uno, que no consigue ser amado por el otro, necesita ser odiado para no caer en esa indiferencia que no soporta. Estas separaciones odiosas y enfermizas son las que hay que temer, porque destrozan a los hijos, porque desandan lo andado, porque terminan mordiendo la mano que antes besaron.

Y para no ponernos tan serios, vale la pena aprender a diferenciar entre el enojo, la ira y la furia, que son cosas muy diferentes.

Un chico le pregunta al papá qué diferencia hay entre el enojo, la ira y la furia. El padre ya está en la cama y le dice:

—Mirá qué hora es, hijito... ¡La una de la mañana! Pero te voy a explicar. Decime un número de teléfono cualquiera.

El hijo le dice un número y el padre marca: tu-tu-tu-tu-tu-tu-tu-tu. Atienden y dice:

—Buenas, señor, ¿me puede dar con Pepe, por favor?

—No... Acá no hay ningún Pepe.

—No puede ser. ¿Es el número tu-tu-tu-tu...?

—Sí, pero no hay ningún Pepe.

—¿No está Pepe?

—¡No hay ningún Pepe!

—Ah, no está en este momento. ¿Le puedo dejar un mensaje?

—No, mire, ¡¡acá no hay ningún Pepe!!

—¿Le puede decir que llamó Juan Carlos?

—¡¡¡No hay ningún Pepe!!! —y corta.

El padre le dice al hijo:

—¿Ves? El señor está enojado. Éste es el enojo. ¿Entendiste?

—¿Y la ira? —pregunta el hijo.

—Esperá quince minutos...

Esperan quince minutos y el padre le dice al hijo:

—Ahora deben de estar durmiendo —y llama al mismo número. El teléfono suena.

—Buenas —dice el padre—, ¿me puede dar con Pepe?

—¡¡Si ya le dije que no hay ningún Pepe!! ¡¿Se puede dejar de molestar?!

—Es que yo necesito dejarle un mensaje a Pepe.

—¡¡No hay ningún Pepe acá!!

—¿No es el número tal y tal?

—¡¡Sí, el número es ése!! ¡¡Pero lo tiene equivocado!! ¡¡Déjeme dormir!! ¡¿No se da cuenta de que me levanto muy temprano?!

—Bueno, en todo caso, dígale a Pepe...

—¡¡¡No hay ningún Pepe!!! —y corta.

El padre le dice al hijo:

—¿Ves? Eso es la ira.

—¿Y la furia? —pregunta el hijo.

—Esperá quince minutos más...

Llama al mismo número. El otro atiende:

—¡¿Hola?!

El padre dice:

—Hola, soy Pepe. ¿Llamó alguien para mí?

(APLAUSOS)

María Valeria: Estoy de acuerdo en que el amor no es suficiente. No podemos manejarnos sólo por las emociones. En el siglo XXI no podemos seguir creyendo en el amor ciego; tenemos que creer en el amor inteligente.

J. B.: No, ése es otro autor; es Enrique Rojas, y no lo trajimos hoy acá... (RISAS). No excluyamos. Quizá disienta con el padre Henry en la magnitud; es decir, el amor no es suficiente, pero sin duda es imprescindible. Hay que sumar: amor, inteligencia, proyecto. ¿Por qué no sumar todo esto? No restemos; no te elijo con la cabeza ni con el corazón ni con el sexo. ¿Por qué no elegir con quién estar desde el amor, la inteligencia, el corazón, el sexo, la atracción, la confianza, el proyecto? Y en todo caso, ¿por qué no entendernos como un todo? Somos mente, cuerpo, espíritu, emoción, piel; somos una unidad. Ojalá podamos amarnos con todo eso, y sumar. Me parece que así se construye una pareja.

M. A.: Sin olvidarse del cultivo que necesita todo tipo de amor, sea la pareja, la relación de un padre con un hijo, o cualquier otro vínculo afectivo. Hay padres que no dan el afecto que los hijos necesitan y entonces los indemnizan con dinero, permisos, como diciendo: "Estoy presente, cumplo". Pero ése no es el amor que nutre el vínculo. También hay hijos que pasan mucho tiempo desconectados de sus padres, sin siquiera llamarlos por teléfono. El amor necesita ser cultivado a través del fluir de los afectos. Sin duda, la pareja requiere ese cultivo continuo, que puede comenzar con el enamoramiento, con la fiebre, la ceguera a la que hacíamos referencia —ese trasvasamiento donde el yo se vacía al traspasarse al otro y que, cuando no es correspondido, produce desesperación—, pero luego deben agregarse la solidaridad, la alianza, la historia común, el esfuerzo recíproco, las pruebas del amor.

Edgardo (34 años, médico): La fidelidad, en los tiempos que corren, es una utopía. Aclaré lo de "médico" porque en todos los ambientes se ve, ¡pero en el ambiente laboral médico...!

J. B.: Shhhhh... (*A Marcos*) ¿Qué le pasa a este tipo? (RISAS). (*A Edgardo*) Perdón, hablá de vos, ¿eh? ¡No nos vas a involucrar a todos los médicos que estamos acá, que somos muchos, en tu vida libertina y desprejuiciada!

Edgardo: Bueno, en el ambiente social... en el club... ¡en todos lados!

J. B.: Muy bien...

Edgardo: Si la normalidad es estadística, entonces actualmente la normalidad es la infidelidad. Y es la infidelidad pasajera, porque no es "te dejé de amar, me enamoré", sino "me calenté".

J. B.: (*Al padre Henry*) Desde ya, padre, te aviso que no tuve nada que ver con esto. Tanto Marcos como yo somos absolutamente inocentes de esta intrusión...

Edgardo: El tema es cómo mantenernos firmes en nuestra postura anormal. Lo digo con mi esposa al lado.

(RISAS)

M. A.: Es notable cómo viborea un nerviosismo generalizado en torno al tema.

J. B.: Fijate cómo será, que yo estoy pensando en irme.

(RISAS)

M. A.: ¡Qué sería de la literatura sin la infidelidad! La mayor parte de las novelas están fraguadas en torno a las transgresiones. El mundo muchas veces avanza también en torno a incumplimientos y contravenciones. Es cierto que estadísticamente hay una cuota más alta de infidelidad. El asunto se agravó ahora porque el adulterio ha dejado de ser patrimonio exclusivo del varón. La igualdad de la mujer ha llevado a que no se quede atrás tampoco en este tema. Por otro lado, ¿con quién cometía el hombre su infidelidad? No siempre lo hacía con la gata... (RISAS). La gata en el sentido histórico, no moderno (MÁS RISAS). El amor profundo, intenso, pleno, necesita de ingredientes que no están vinculados con el sexo. Desde luego, la sexualidad desempeña un papel muy importante, en ocasiones imprescindible, pero se enriquece si está complementada. La calentura es otra cosa; se relaciona con distinto tipo de ingredientes: la farándula, la fantasía, el peligro. Pero cuando hay un interés vivo por el bienestar del otro, en el amor —y aquí es donde la palabra tiene que despojarse de todo el manoseo y la distorsión que se le ha aplicado— la fidelidad es algo que se da en forma espontánea; no es ningún esfuerzo, no hace falta pensar siquiera en ella.

J. B.: "Infiel" viene de "fiel", y "fiel" viene de "fe". "Infiel", literalmente, quiere decir "el que no cree". Alguien que se tira una canita al aire, "el infiel", ¿en qué no cree? ¿Será un error etimológico, una interpretación falsa? No. El infiel *no cree* que vaya a encontrar en su pareja lo que va a buscar en otro lado: aventura, lo prohibido, excitación, variación... Aquí entra en juego el vínculo. Uno puede obtener tanto como ofrece. Es decir, si planteo una relación aburrida con mi pareja, no puedo querer obtener diversión de ella; si planteo una relación destructiva, no puedo pretender cosas constructivas. Por el contrario, si planteo una relación que se renueve a sí misma, probablemente encuentre renovación en mi pareja; si planteo una relación basada en la permanente seducción, apoyada en el amor que sentimos el uno por el otro, probablemente no tenga que ir a buscar nada afuera. Será cuestión de sentarse con la pareja a ver por qué cree cada uno que no puede encontrar con ella lo que está buscando afuera.

Un viejo chiste:

Jacobo está casado con Rebeca desde hace cincuenta años. Un día Jacobo sale y vuelve a las 3 de la mañana. Rebeca le dice:

—*¿Dónde estuviste?*

—*Estuve en la despedida de soltero de Samuel, el hijo menor de mi amigo José.*

—*¿A esta hora?*

—*Sí... No... porque fuimos a un cabaret y había unas chicas ahí...*

—*¿Unas chicas?*

—*Sí... estaba pago... y como estaba pago, fui...*

—*¿Y?*

—*¡Lo pasé bárbaro! Mirá, tantos años y yo nunca te engañé, yo nunca pensé que esto... Pero no te quiero mentir: lo pasé... ¡bárbaro!*

—*¿Qué tiene ella que no tenga yo?*

—*Mirá, te digo la verdad... Estaba todo igual: ella allá, yo acá; ella por acá, yo por allá... Fuimos, vinimos, un besito, una tocadita, ¡igual! Pero cuando la situación se fue poniendo más intensa, ella se empezó a quejar... Y ella se quejaba y yo me excitaba, ella más se quejaba y yo más me excitaba... ¡¡Fue bárbaro!!*

Rebeca dice:

—¿Y qué? ¿Tanto te gustó eso?

—Y sí, la verdad que sí. Yo no sabía que tenía esto. Y la verdad, quedé en volver... porque ¡me encantó, me calentó como nunca!

—¿Y qué creés? ¿Que ella puede darte lo que yo no te puedo dar? ¡Yo también puedo! A vos te gusta... nunca me pediste... Si te gustan las mujeres que se quejan, yo también puedo.

—¿De verdad?

—Sí.

—¿Cuándo?

—¡Cuando vos quieras!

—¿Ahora?

—¡Ahora!

Jacobo empieza a excitarse con la idea de que su mujer va a poder darle esto que él piensa que está sólo afuera. Así que van a la cama, él empieza a besarle el cuello y ella le dice:

—¿Ahora empiezo?

—¡No! —dice Jacobo—. ¡Esperá un poquito, todavía no!

Entonces siguen, se sacan la ropa y ella dice:

—¿Ahora?

—¡No, no, esperá, yo te voy a avisar!

Entonces, en el momento preciso de la penetración, Jacobo le dice:

—¡Ahora!

—¡¡Ay... qué caro que está todo... la muchacha no vino... los chicos nunca vienen a visitarme...!!

(RISAS Y APLAUSOS)

Será cuestión de empezar a buscar adecuadamente para saber si puedo encontrar. Y si no puedo encontrar lo que busco, quizá lo esté buscando mal. Coincido con Marcos en que la infidelidad es consecuencia del desamor, del desencuentro; en suma y paradójicamente la infidelidad es una consecuencia de la falta de confianza.

Goyo Giménez: Dicen ustedes que fidelidad es creer en mi pareja. Esto me lleva a la típica situación en la cual para creer resulta necesario, por lo menos culturalmente, saber con quién estoy. Frente a esta previsibilidad que supone creer en alguien, está la dinámica del cambio permanente en que las personas nos vemos involucradas. ¿Cómo puede entender alguien que uno es fiel a un nuevo pensamiento, que implica, por ejemplo, seguir otros caminos? ¿Cómo vinculan ustedes esta fidelidad en el tiempo?

M. A.: La fidelidad en una pareja responde a la recíproca lealtad, no a la coincidencia de ideas. La diversidad de pensamientos o enfoques enriquece, debe ser bienvenida. Otra cosa es que surjan proyectos divergentes, pero pueden ser discutidos y hasta conciliados cuando es fuerte el anhelo de caminar juntos, tomados de la mano.

Liliana Fernández: Como dije antes, soy psicóloga social, pero la edad no te la pienso confesar.

J. B.: Ya nos enteramos de lo que pasa con los médicos, decime, entre los psicólogos sociales... ¿cómo anda la cosa?

Liliana Fernández: Bueno, es un ámbito que se presta... ¡Mucho vínculo!... Y trabajamos mucho con los médicos, ¡nos encanta!... (RISAS). Me parece que al tema de la infidelidad le venimos escabullendo el bulto...

J. B.: Nunca la metáfora fue tan oportuna.

(CARCAJADAS)

Liliana Fernández: Infiel también es alguien que dice sí cuando tendría que decir no. A lo mejor es sincero cuando dice sí, pero... Cuando en las parejas se produce esta situación, y la tierra tiembla bajo los pies, ¿cómo se hace para reconstruir la confianza? Existe un mito generalizado en cuanto a que afuera se puede encontrar algo, y esto induce a un comportamiento. ¿Es un mito impuesto? ¿Por qué tanta búsqueda afuera?

M. A.: Porque se desarrolla una hipervaloración, una suerte de mitología vinculada con la infidelidad: los cuernos, para decirlo...

J. B.: ...en términos técnicos.

M. A.: Exacto. Les refiero un cuento breve.

Un borracho vuelve a su casa. Es noche avanzada y la mujer, preocupada, lo espera en el balcón. El tipo llega gritando por la calle:

—¡Qué revienten todos los cornudos!
Y la mujer abre los brazos:
—Encima habla...
(RISAS)

Muchas infidelidades no son tales. Existen hombres y mujeres que se prestan a ciertas aventuras haciendo abstracción del cónyuge. Éste, cuando se entera, dice: "me fuiste infiel", "me traicionaste", "me hiciste un gran daño". Y el otro mira como diciendo: "¿De qué me hablás? Lo que hice no tiene nada que ver con vos". En algún caso, ella o él necesitan demostrarse su capacidad de seducción. También, si la tentación es muy fuerte, sienten que esquivarla implicará ser descalificados, tildados de boludos. Porque en la Argentina ser boludo es lo peor, ¿no? Uno puede ser ladrón... asesino... ¿pero boludo? (RISAS Y APLAUSOS).

A veces la infidelidad es una solución para el hombre que quiere probarse que todavía es seductor, potente, que puede levantarse a una mina; o para una mina que piensa: "aún consigo seducir", "puedo voltearme a un tipo". Esto ocurre al margen de su pareja. Pero cuando la pareja se entera, no siente lo mismo sobre lo que hizo el transgresor. Entonces, el asunto es esclarecer qué ha pasado realmente. Muchas veces, entre la sexualidad y los afectos sociales se abre una zanja. Tiempo atrás era más difícil tener una relación extramatrimonial. Pero después de la década del 60, con la experiencia *hippie*, se produjo una liberación sexual acelerada y extrema. Muchos encuentros sexuales no tienen cuotas de afecto; son aventuras mecánicas, efímeras. Hoy en día es más sencillo tener una relación sexual que un compromiso. El afecto impone compromiso.

Ahora bien; si una pareja sufre un episodio de infidelidad, ¿está destinada al fracaso? ¿Todas las transgresiones son iguales? ¿Es posible la reconciliación? ¿Se podrá reconstruir la confianza? ¿Es posible aceptar que lo ocurrido fue una suerte de eclipse, de locura, un deseo de satisfacer una necesidad estrictamente personal? El individuo que se siente incapaz de seducir, que tiene un serio problema de autoestima y que de pronto recibe la oportunidad de demostrarse lo contrario, ¿es tan condenable?

Son historias que les traigo de la práctica profesional. Abundan conflictos diversos y, como siempre, nos encontramos, tal como decía el viejo Hipócrates, con enfermos y no con enfermedades, con casos individuales que deben ser examinados y discutidos cuidadosamente.

J. B.: Esto se conjuga con tu idea de que el proceso de liberación de la mujer no ha terminado, porque sigue siendo diferente la infidelidad de la mujer y la del hombre; sigue siendo diferente el permiso social que cada uno tiene para permitirse un desliz o una aventura; sigue siendo diferente la manera en la cual educamos a nuestros hijos y a nuestras hijas. Hemos avanzado mucho, pero esta diferencia en la educación continúa.

Para mí, se es infiel al vínculo, nunca al otro; y en todo caso, al propio sentimiento, no al del otro. "Te engañaba", "Le metía los cuernos", "Te era infiel", "Me hacías cornuda"... ¿Qué venís a decirme lo que "te" hice? Yo no "te" hice nada. Aunque hay ciertos episodios extramaritales que están dedicados literalmente al otro...

Yo me he casado; no me he quedado ni ciego, ni sordo, ni mudo. Y entiendo que hay mujeres que pueden ser atractivas para mí. La fidelidad implica que yo pueda encontrar a otra mujer tan atractiva como mi esposa, más atractiva incluso que mi esposa, y que a pesar de eso decida volver a mi casa a encontrarme con la mujer que amo. Esto significa ser fiel; no tiene que ver con no encontrar atractivas a otras mujeres. Para nada.

Quique (22 años, actor): ¿Te parece que uno es fiel cuando le atrae otra persona y decide volver a su casa y quedarse con su mujer? ¿Eso no es ser infiel? Mi cuerpo está con mi novia, pero por mi mente pasan muchas veces otras mujeres, y tal vez sin haberlas conocido. La traición, ¿está únicamente en lo corporal, o también en la cabeza? Como decía Marcos, lo prohibido nos atrae... ¿Será por eso que estamos condenados a pasar siempre por ese terrible o hermoso sentimiento que muchas veces nos deja sin poder dormir?

J. B.: Me parece que tu pregunta esconde un truco para justificar la infidelidad. Te contesto desde mí. La infidelidad de la que hablo es de hechos, no de pensamientos. No creo que haya transgresión en el pensar.

Ariela (24 años, estudiante avanzada de psicología): Yo quiero preguntarle a Marcos si él también considera que no hay infidelidad en la fantasía.

M. A.: ¡Pero Ariela! Claro que sí. La fantasía es el mundo encantado, un territorio infinito. Allí cabe lo más disparatado, desaparece lo imposible; la fantasía puede ser tan rica y nutriente que, incluso llevándonos a transgresiones que jamás cometeríamos, puede contribuir a que la realidad sin tantas transgresiones sea más sabrosa.

Marcela Borgatello: Siempre dije que, si mi pareja me engañaba a pesar de tener todo conmigo (sexo, compañerismo, tolerancia, etcétera), no lo perdonaría. Mi esposo piensa igual. Pregunta: Si después de un episodio de infidelidad se habla el tema y se acepta seguir juntos, ¿la pareja sigue siendo la misma?

J. B.: Si se habla y se decide seguir juntos, la pareja no es la misma, es otra: una pareja mejor, una pareja que ha superado una crisis con el diálogo.

Laura (26 años): Quisiera saber si para ustedes los seres humanos somos monogámicos o la monogamia es sólo una institución social y, por lo tanto, como en toda institución, aparecen los detractores.

J. B.: Vitus Dröscher, un biólogo que se dedica al estudio de conducta animal, presenta un estudio muy serio donde demuestra que, cuando uno de los dos de una especie, el macho o la hembra, son agresivos, la organización social es en harenes. Por ejemplo, entre las arañas, donde la hembra es más agresiva, la hembra tiene muchos machos que la sirven. Entre los leones, donde el macho es más agresivo, un macho tiene varias leonas. Cuando ninguno de los dos es agresivo, entonces se organizan en manadas: todos los machos sirven a todas las hembras y los hijos pertenecen a las manadas, por ejemplo, entre los elefantes. Y cuando los dos son agresivos, son monógamos.

Pensá en la sociedad en la que vivimos. Cuando la fuerza de carácter está colocada en la figura masculina, por ejemplo en los pueblos árabes, la comunidad está organizada en harenes. En su vieja y mítica historia, las amazonas, mujeres guerreras más agresivas que los hombres, tenían harenes de hombres. En el movimiento de la Era de Acuario de los años 60, donde la no agresión era la pauta, los jóvenes vivían en comunidad, tenían sexo todos con todos, y los hijos eran educados por el grupo, como sucedió en muchos grupos y comunidades de *hippies*. Sabrás, ahora, qué pienso yo de la monogamia... por lo menos de la monogamia impuesta. Sólo avalo aquella que se elige libremente sin pautas ni amenazas desde afuera.

(SILENCIO)

M. A.: No hay mucho que agregar.

Amadeo (44 años): Probablemente la monogamia sea un invento del hombre como forma de ser padre en la comunidad. Porque es evidente quién es la madre de la criatura, pero no puede saberse quién es el padre. Tal vez sea un invento nuestro, producto de esa inferioridad.

M. A.: No olvidemos que la palabra "poligamia" significa "muchas mujeres"; "muchos hombres" sería "poliandria", y nosotros tendemos a decir "poligamia" refiriéndonos a ambos sexos. Allí está manifestándose otra vez que la mujer sigue siendo un ser oprimido, en inferioridad de condiciones. El Islam permite tener hasta cuatro mujeres, por ejemplo; ha puesto un límite, y ahí sí se sabe quién es el padre: un padre que engendra los hijos de cuatro mujeres.

Patricia : Saliendo de la mirada universal, en lo particular... ¿Quiénes son más proclives a perdonar sinceramente una infidelidad conyugal: los varones o las mujeres?

J. B.: Sin lugar a dudas, y por condicionamientos culturales, las mujeres.

M. A.: Bien; debemos ahora cerrar esta charla, que será el primer capítulo del libro que estamos componiendo juntos. Hemos explorado el nuevo papel de la mujer, las diferencias, la infidelidad y la separación. Los temas no se han agotado, por supuesto, pero entre todos conseguimos transformarlos en una música que estimula, sugiere y alimenta el espíritu. Quizá nos inspiró este magnífico teatro El Círculo de Rosario, joya arquitectónica que enorgullece a la provincia y al país, donde, entre otros acontecimientos, en el año 1915 se expandió majestuosa la voz del gran Carusso.

(APLAUSOS)

charla 2]

MENDOZA

PARTICIPANTES]

Adriana (coordinadora)

Alejandra Espósito

Musa Osvaldo Bittar

Viviana

Mercedes González

N.N. (Señora con miedo de ser identificada)

Manuel Quiles

Ilse Cónsoli

Oscar Rodríguez

Fernando Pérez Lasala

Marcela Moreno

Moni Ballestero

Alicia

Rosa Eva Sosa

Liliana

Daniel

Claudia Domínguez

María Marta

Mabel

Federico

Gonzalo Casales

María Ángela Pascale

Federico

Verónica Sotano

Aurora

Fernando Amín

Valeria

[

1
FIDELIDAD Y AUTENTICIDAD

J. B.: Quiero darles la bienvenida a esta sala y también a este libro. Ya conocen la propuesta que traemos, la de escribir un libro entre todos. La prueba de continuidad buscada está demostrada por nuestro primer tema, la infidelidad, que empezamos a desarrollar en Rosario hace algunas semanas. Retomamos pues el debate en esta bella Mendoza como sabiendo que aquellos junto al río y estos próximos a los Andes somos una misma cosa.

Adriana Churriguera (coordinadora): ¿A qué nos referimos cuando hablamos de fidelidad? Porque, al pensar en el tema, en nuestra mente se produce inmediatamente un clic.

M. A.: La fidelidad genera, casi como reflejo, una asociación con la vida matrimonial, que está sometida a múltiples aventuras —por usar una palabra más o menos elegante—. Pero la fidelidad no se refiere sólo a la pareja, sino a la amistad, los ideales, las pertenencias, los valores... Se puede ser fiel o infiel a muchas cosas. La pregunta puede extenderse: ser infiel a determinadas cosas, ¿supone obligatoriamente ser infiel a todas las demás?

En cuanto a la pareja, existen personas que hacen alarde de una fidelidad de hierro, y habitualmente acompañan esta actitud con una suerte de exhibicionismo. Cuando este gesto es muy notorio, se puede empezar a dudar... Con frecuencia, los fundamentalistas de ciertos valores tienen una estructura tan rígida que puede quebrarse. Y en materia de fidelidad también hay rigideces peligrosas. Por cierto, desde la biología hacia otras áreas del conocimiento, se sabe que lo duro se quiebra y lo flexible tarda más en romperse. En materia de fidelidad, considero que debería haber cierta flexibilidad.

Ciertamente, hemos aprendido a considerar la fidelidad como un valor en el matrimonio. Pero pensemos qué ocurre en otras áreas. ¿Es condenable cambiar de ideas, modificar la cosmovisión? ¿O el cambio refleja valentía, maduración, ampliación del horizonte? En mi vida, como consecuencia de experiencias, eva luaciones, lecturas o intercambio de opiniones, yo he modificado muchas ideas. Por ejemplo, en estas charlas Jorge y yo nos enriquecemos muchísimo, vamos puliendo nuestro pensamiento. ¿Esto significa que ahora somos infieles a las ideas de otros tiempos?

Alejandra Espósito: Marcos, una frase atinada para describir este tipo de situaciones: "De todas las personas que conozco, el más inteligente es mi sastre; cada vez que me ve me toma nuevas medidas"...

M. A.: Aquí ingresamos en un territorio de profundidad, pero también de dificultad. Porque habitualmente tendemos a esquematizar, a cuadricular, a simplificar. El inconveniente radica en que la simplificación excesiva nos lleva a cometer errores; debemos entender que las cosas suelen ser complejas, que en todos los términos hay que manejarse con las circunstancias en que ese término funciona. Las palabras están cargadas de afecto y de valor. En síntesis, no hay duda de que la fidelidad es un valor, pero no seamos extremistas de la fidelidad. Tratemos de usarla de modo que nos resulte útil, para que los afectos funcionen y nos hagan mejores, para que las relaciones humanas sean más hermosas y duraderas, pero no para condenarnos a la rigidez.

J. B.: No pensé, Marcos, que íbamos a tener un primer acuerdo de este tipo; estoy sorprendido. Indudablemente, las palabras tienen un mérito y un valor en sí mismo. En la charla anterior, en referencia con el tema de la infidelidad, yo comenté que la palabra "fiel" viene de "fe", y que "infiel", tal como se lo utiliza en términos religiosos, es el que no cree. Aquí me gustaría agregar una diferencia entre los conceptos "creer" y "saber". Porque si confundo lo que "creo" con lo que "sé", me convierto en un fundamentalista: me creo que sé lo que, en realidad, son sólo creencias.

La fidelidad tiene que ver con todas aquellas cosas en las que uno cree. Recordarán ustedes la famosa historia, denigrante, de aquel político del cual todo el mundo decía que no era fiel a sus principios, hasta que un humorista uruguayo dijo algo genial: "No es cierto que no sea fiel a sus principios... Lo que sucede es que carece de ellos".

Decir "soy fiel" es decir "creo". Y "creo" es decir "hoy creo", lo cual implica "puedo dejar de creer mañana". En cuanto a la pareja, sería importante que yo no te engañara haciéndote creer que sigo creyendo en lo que ya no creo. En todo caso, la última lealtad que te debo es que, si he cambiado de idea, sea también capaz de decírtelo.

Una sola diferencia más: no es lo mismo ser contradictorio que ser incoherente. No hay nada terrible en la contradicción, pensar hoy que sí cuando ayer pensaba que no. Además, porque mañana puedo pensar otra vez que no. Es parte de mi contradicción, soy un ser humano. Pero en cada día, en cada momento, soy fiel a aquellas cosas que creo.

Para mí hay una sola fidelidad extrema, incluso generalizadora: si no soy fiel a mí mismo, no hay nada en el mundo a lo cual pueda serle fiel.

Musa Osvaldo Bittar: Según lo dicho hasta aquí, uno cree en algo y es fiel. Ahora, uno deja de creer y dejó de ser fiel a aquello en que creía. Pero no siempre la creencia inicial es voluntaria. Los demás nos hacen creer cosas a cierta edad, y cuando vemos que aquello que nos hicieron creer no es lo que después sentimos o comprobamos, no nos convertimos en infieles, pues la anterior no era una creencia nuestra. El ser humano a menudo somete a otro, y la mejor forma de dominar al otro es hacerlo creer. Puede haber un asunto de dominio. Mi pregunta es: ¿En qué momento se da ese punto de inflexión?

J. B.: Tu comentario pone en contacto dos de los temas que vamos a tratar hoy: la fidelidad y el rol de la familia. Como parte de nuestra educación, asistimos a cosas ante las cuales tenemos que ser fieles, tenemos que creer. Me parece importante analizar lo que tan bien expresaste con tus palabras: el intento de condicionar al otro. Es decir, si yo puedo controlar tus creencias, puedo controlar tus acciones, porque tus acciones van a depender de tus creencias. Ésta es la gran llave de la publicidad, el consumo, la política, la bajada de línea ideológica y demás, porque todo se basa en el mismo principio: si puedo cambiar tu creencia, puedo condicionar tu acción. Ahora bien, en lo único que voy a disentir contigo es en esta permanencia de la capacidad que tiene el otro para *hacerme creer*. Es cierto que hasta los cuatro, cinco o siete años, hay cosas que la familia puede hacernos creer, porque todavía no tenemos la posibilidad de despegarnos para cuestionar. Aquellos que han tenido la suerte de tener padres menos autoritarios han tenido también la suerte de saber que tenían la posibilidad de cuestionar. Siempre digo que hay un mérito en los padres que hoy tenemos entre cuarenta y sesenta años: somos los primeros que avalamos la rebeldía. Como ya lo conté en *El camino de la autodependencia*[4], cuando yo le preguntaba a mi papá: "¿Por qué?", él me contestaba: "Porque lo digo yo"; y esa razón era suficiente. Y no porque él fuera autoritario, sino porque era lo que se suponía que tenía que hacer. Cuando mi hijo me preguntaba: "¿Por qué?" y yo le contestaba: "Porque lo digo yo", él me decía: "¿Quién te creés que sos?"... (RISAS)

¿Cómo o cuándo se sale de esta historia? En primer lugar, repito, desde la rebeldía, que es natural cuando empiezo a ser un librepensador. Y en segundo lugar, cuando dejo de concederle al otro el poder de *hacerme creer*. Nadie tiene sobre mí ningún poder que no sea el que yo le doy. Y si yo se lo di, yo se lo puedo quitar. Entonces, a quien *me hace creer*, yo puedo quitarle el poder de *hacerme* creer. Y ahora soy yo el que cree. Soy yo el que decide a qué le soy fiel y a qué no.

---

[4] Jorge Bucay, *El camino de la autodependencia*, Buenos Aires, Editorial Sudamericana/Del Nuevo Extremo, 2000.

Podemos tener dudas sobre nuestra capacidad para hacer este movimiento durante la infancia e incluso la adolescencia, pero estoy seguro de que, llegados a la adultez, cada uno de nosotros va a tener que hacerse responsable. Nadie *me hace creer* más que aquello que yo decido dejarle que me haga creer. Y a partir de allí es hora de que me haga cargo, que deje de responsabilizar al otro. Si yo creo que si no tengo un auto como el de la propaganda soy un idiota, no es porque la propaganda *me lo hizo creer*; es porque yo decidí darle ese poder a la propaganda.

M. A.: Esto que ha dicho Jorge es interesante, y me doy cuenta de que la audiencia lo ha escuchado con un silencio reverencial. Pero, si bien es cierto, no es lo que comúnmente sucede. Porque esa oposición suele agotarse en acciones inconducentes que parten de una rebeldía falsa. Esto es consecuencia de algo que todos debemos denunciar: que tanto en el hogar como en los establecimientos pedagógicos no se enseñe el pensamiento crítico.

La capacidad crítica es producto de un entrenamiento que implica aprender a escuchar con respeto y procesar lo que se escucha. Esto es, no decir cualquier cosa, no oponerse porque sí, sino hacerlo con instrumentos que evalúan y rebaten bien. Hay que asociar el respeto por lo que dice el otro y la capacidad de impugnarlo. Cuando lo que dice el otro no se respeta, el pensamiento crítico no se desarrolla y la rebelión no conduce a nada. Habitualmente a la persona que actúa de este modo se la describe como "rebelde sin causa". La rebeldía se da naturalmente en la adolescencia, pero necesita encauzarse con rumbo positivo. Por cierto, el pensamiento crítico no existe en los regímenes autoritarios o en las tiranías, y tampoco ha existido durante mucho tiempo en nuestra educación. En la Argentina hubo dos modas pedagógicas. Una fue bancaria, es decir, acumulativa, y no procesaba los conocimientos. La otra desdeñó la transmisión del conocimiento en aras de que los chicos experimentaran cosas, poniendo al maestro y al alumno en el mismo nivel. No existía el presunto saber ni la presunta ignorancia. Fueron dos modas negativas, tanto en la escuela como en el hogar, donde padres e hijos se suponían amigos. La relación entre padres e hijos puede ser afectivamente muy intensa, pero no es una amistad. Padres e hijos tienen papeles distintos, a partir de los cuales puede desarrollarse el pensamiento crítico. Como dijo Jorge, la reflexión crítica permite tomar conciencia de que, si aceptamos el mensaje de cierta propaganda, no es porque ésta sea omnipotente, sino porque nosotros le permitimos que así sea.

Adriana Churriguera (coordinadora): Muchas personas sufrimos actualmente esas creencias y no nos deshacemos de ellas con tanta facilidad después de la adolescencia; las padecemos hasta los treinta o los cuarenta años. Seguimos padeciendo por cosas que tenemos guardadas, que creemos y a las que seguimos otorgando ese poder. ¿Cómo nos deshacemos de esto? ¿Cómo decimos: "Bueno, hasta acá te di el poder"? ¿Cómo nos damos cuenta?

J. B.: Es un camino. Para recorrerlo hay que empezar por descreer de lo que yo llamo "El mito de las mesas malas". Venís corriendo, te llevás la mesa ratona por delante y te llenás la cabeza de chichones. Tu mamá corre a consolarte y te dice: *"Mala la mesa que te pegó... Vení, vamos a pegarle a la mesa"*. Y uno se convence de que es mejor creer que la mesa es mala que sentir que uno es un idiota que se lleva todo por delante...

¿Cómo me doy cuenta de que no es culpa de la mesa?

El proceso de convertirse en persona, como lo llama Carl Rogers, es bastante arduo. Es el gran desafío, porque uno no nace persona; se va volviendo una persona. Aquellos que tienen la suerte de tener padres y educadores que hayan fomentado este proceso, tendrán más probabilidades. En este punto quizás desacuerdo con Marcos, porque, si bien coincido en que los educadores tienen que fomentar en los niños el pensamiento crítico constructivo, creo que hay un proceso que tengo que hacer por mí mismo. De hecho, ahora es *mi* responsabilidad. No puedo seguir culpando a mis padres, a mis maestros o a la mesa. Tengo que hacerme cargo y resolver. Tengo que transformarme en un buscador. Tengo que darme cuenta de todo lo que no sé y salir a buscarlo.

Las personas que han venido hoy aquí y han decidido voluntariamente sumarse a este proyecto de armar un libro, ¡son buscadores! Están buscando cosas, por eso están aquí. ¿Cómo se hace para transformar a los no buscadores en buscadores? Habrá que generar mecanismos, como sociedad que somos, para atraerlos. No hay una respuesta única para esto. No obstante, la que Marcos y yo estamos proponiendo es: educación participativa, asumir la propia responsabilidad, trabajar sobre ella.

Viviana (34 años, periodista): Quiero compartir con ustedes un dato que ha llegado a mí hace dos días. Según la Universidad de Saratoga, el 78 por ciento de las mujeres miente, y el resto se separa. ¿Qué opinan ustedes acerca de esto?

J. B.: *(A Viviana)* Antes de contestarte quiero hacerte una pregunta... ¿Vos estás separada?

Viviana: Sí, ¿por qué?

J. B.: Para ver si lo que decís es cierto...

(RISAS)

J. B.: Vos asegurás que el 78 por ciento de las mujeres miente y el resto se separa. Obviamente, entiendo esto como una humorada y no sé qué porcentaje de verdad está oculto en la aseveración, pero te voy a contestar con una anécdota que dicen sucedió en Rusia.

Cuando la comunidad judía fue finalmente autorizada a salir de la Unión Soviética para ir a Israel —algo por lo que luchaba desde hacía muchos años—, la KGB hacía una investigación de los solicitantes a través de un cuestionario.

Un agente de los servicios secretos le pregunta a un judío que llena su formulario antes de subir al avión:

—¿Cómo fue su convivencia con la sociedad civil soviética?

—No, de eso no me puedo quejar...

—¿Y qué le pasó con la policía secreta?

—No, no me puedo quejar...

—¿Y con nuestros gobernantes?

—No me puedo quejar...

—¿De la situación económica?

—No, tampoco me puedo quejar.

—¿*De los principios de igualdad y libertad de culto?*
—*No me puedo quejar...*
—¿*Entonces... por qué se va?*
—*Justamente... ¡Para poder quejarme!*

(*A Viviana*) Estas mujeres que se separaron, ¿se habían casado para poder mentir?
(RISAS Y APLAUSOS)

M. A.: Quiero señalar algo sobre la mentira. Las mujeres mienten y los hombres también. Ocurre que hay una pequeña diferencia, la bendita pequeña diferencia que establecen los géneros, mediante la cual al género femenino le resulta más fácil simular que al género masculino. En el plano sexual, por ejemplo, una mujer puede simular un orgasmo. Un hombre, en cambio, difícilmente pueda simular una erección. Ahí las mentiras se vuelven más difíciles... (RISAS)

Hablando en serio, la mentira nunca va realmente dirigida a los demás. Entiendo que tu pregunta apunta a la relación entre la fidelidad y la manera de sostener el matrimonio. Según la estadística de Saratoga, tal fidelidad no existiría porque las mujeres tienen dos opciones: mentir o separarse...

Viviana: Para mí, ese 78 por ciento de mujeres que miente ¡son infieles! Porque están siendo infieles a un principio, a una creencia. El resto, el 22 por ciento, tiene la valentía de enfrentarlo. ¿Cómo puede disminuirse ese 78 por ciento de mujeres que tiene que mentir? ¡Y hombres también!

M. A.: Perdón, has dicho una frase clave: "Tienen que mentir". Es decir, estas mujeres se sienten incapacitadas para asumir con franqueza lo que les está ocurriendo; no saben cómo plantearle a su marido lo que les pasa; no saben cómo corregir el problema, o no se animan a tomar otro camino cuando la relación ya no funciona. En consecuencia, no pueden, tienen prejuicios o tienen miedo, les falta coraje, temen perder a su familia... ¡tantas cosas!... se ven forzadas a mentir. Me interesa aclarar esto para no confundirnos pensando: "El 78 por ciento de las mujeres miente; qué malas que son, qué ausencia de valores". Cuidado: mienten porque no pueden hacer otra cosa. Pensemos que entre esas mujeres hay una porción de víctimas. No siempre se dicen mentiras por placer; muchas veces se miente por desesperación.

J. B.: Aun así, Marcos, nadie está obligado a mentir; en todo caso, lo que queremos es no pagar el precio que tiene decir la verdad. Habrá, seguramente, distintas maneras de decir la "horrible" verdad... A estas mujeres del 78 por ciento, que no se animan a enfrentar a sus hombres para decirles que todo terminó, les propongo la solución "a la francesa".

El esquema es el siguiente:
Una mesa romántica,
todas las luces encendidas,
dos copas de champán francés en la mesada de la cocina,
y a esperar al marido...
Cuando él llega, se sorprende de la mesa servida tan cálidamente.
Entonces ella lo invita a sentarse en el sillón y le dice más o menos textualmente las siguientes palabras:
"Querido, debo decirte algo que no voy a repetir,
quiero que lo escuches tal como te lo digo
y pretendo que lo interpretes literalmente.
Hay en la cocina servidas dos copas de champaña...
Bien... ¡TOMÁTELAS!"
(RISAS Y APLAUSOS)

Mercedes González (51 años, sanjuanina): El proceso que ustedes están comentando es muy arduo, porque lleva a poner en práctica muchas cosas difíciles: practicar la libertad y tener el valor de reconocernos como seres independientes. Esa libertad y esa independencia nos crea responsabilidad por cada acción que hacemos, por cada palabra que decimos. Entonces, frente a ciertas situaciones, nos es más fácil hacer el papel de víctimas y echarles la culpa a los demás.

J. B.: Muchas gracias, Mercedes. Voy a contestarte con una frase de Marcos: No se trata de tener el valor de volverse independiente, sino de tener suficientes valores como para llegar a ser independiente.

N. N.: Yo tengo una inquietud...

J. B.: Yo no te recomiendo que hables sin decir tu nombre; tenemos un antecedente grave... Conocés la anécdota, ¿no?

N. N.: No.

J. B.: Comenzamos estas charlas en Rosario, donde un señor levantó la mano para hacer la primera pregunta. Dijo: "Me llamo Juan". Cuando le preguntamos el apellido, dijo que no lo diría. Cuando le preguntamos la edad, dijo "dos dígitos" e hizo una pregunta muy comprometida referida a la historia matrimonial. Nosotros contestamos la pregunta respetando su decisión de no decir quién era y, al día siguiente, una nota del diario local sobre estas charlas, decía: "La primera pregunta la hizo un señor que no quiso decir su apellido, pero nosotros estamos en condiciones de afirmar que se trata del señor Juan Ricardo Fulano de tal, que se dedica a tal cosa, que tiene tal edad, dos hijos y que preguntó tal cosa...". ¿Estás segura de querer figurar como N. N.?

M. A.: Hay periodistas en la sala...

Señora con miedo de ser identificada: Lo que ocurre es que siento que estoy compartiendo un grupo humano, y en ese sentido mi nombre deja de ser importante.

J. B.: ¡Siempre hay alguien que quiere que fracase el mago!... Bueno, ¿cuál es tu pregunta?

Señora con miedo de ser identificada: Confianza y fe, ¿existe un correlato entre ellas? ¿Cómo es la confluencia?

M. A.: La confianza y la fe no siempre van juntas; sus categorías son distintas. La fe es una creencia que se decide o se recibe impuesta, y la confianza es algo que se construye a lo largo del tiempo. ¿Se entiende? Tanto una como otra pueden frustrarse. Cuando depositamos mucha confianza en una persona que luego nos falla, podemos pensar que esa persona nos falló. Sin embargo, también fallamos nosotros al carecer de la suficiente capacidad de conocerla. De modo que siempre hay un juego, donde no tenemos que ser víctimas o culpables ni colocar al otro en estos papeles. Si nos manejamos con matices estaremos más próximos a la verdad.

Manuel Quiles (51 años): El matrimonio es una relación que nos confronta con nosotros mismos y nos lleva indefectiblemente al cambio. Entonces, ¿la fidelidad matrimonial es la fidelidad a esos cambios que el matrimonio trae?

J. B.: La palabra fiel quiere decir "el que cree" ¿En qué cree una mujer fiel? ¿En qué cree un marido fiel? Mi opinión es que la persona que es fiel en su matrimonio es aquella que cree que puede encontrar en su pareja aquello que busca y necesita. Es una apuesta que se apoya en la construcción de la confianza que Marcos diferenció de la fe. Cabe preguntarse, entonces, ¿qué es un infiel? ¿A quién le es infiel? El señor que se va con la señorita que no es su esposa, la señora que se va con el señor que no es su esposo, se van con la señorita y el señor porque *no creen* que puedan encontrar en su pareja lo que están buscando, sea lo que fuere. Bien o mal, equivocada o acertadamente, estos infieles no creen.

Mi propuesta es construir estructuras matrimoniales apoyadas en aquellas cosas en las cuales verdaderamente creemos. Y en todo caso, a partir de ahí volvernos confiables.

¿Cuál es el problema de los matrimonios? Que cuando uno cambia y cree que el otro no cambió se produce un desequilibrio, una falta de sintonía. Un poco en broma y un poco en serio, en México dicen que las mujeres se casan creyendo que su hombre va a cambiar y los hombres se casan pensando que las mujeres no van a cambiar nunca... Y los dos se equivocan.

(RISAS)

Ilse Cónsoli (48 años, médica, divorciada): Los hombres actualmente no tienen mucho interés en comprometerse en una relación con una mujer. Lo digo por mis amigas... por mí... Algo está pasando con los hombres, que comienzan una relación avisando que no quieren un compromiso afectivo importante, que no quieren responsabilidades, complicaciones... No es lo que muchas mujeres esperamos. ¿Por qué está pasando esto con los hombres? ¿Qué opinan ustedes?

M. A.: Si bien la emancipación femenina fue justa, ha provocado perturbaciones en el hombre, incluso en el plano sexual. Como vimos en la primera charla de este ciclo, antes, cuando había problemas en una pareja, la culpa siempre la tenía la mujer; hoy en día, hay consultorios que atienden disfunciones sexuales masculinas. Esto habla de un avance importante en la igualdad de géneros, aunque el hombre aún no la haya metabolizado definitivamente. Sin embargo, en el plano afectivo, la emancipación femenina muestra cierta inestabilidad. Hay mujeres que, en algunos aspectos, todavía necesitan que el hombre sea su protector, su referente, ¡su señor! Yo he oído decir a algunas mujeres: "Quiero un compañero que sea mi señor", sin advertir que con esa frase están avalando una posición de inferioridad y sometimiento. Los hombres, por su parte, se sienten como asustados ante la emancipación femenina y escapan a los afectos. En síntesis, la relación entre ambos está atravesando una etapa novedosa, repleta de irregularidades y sorpresas.

J. B.: (A Ilse Cónsoli) Es horrible cuando un hombre dice (en tono malevo): "Mirá, nena... sos divina... me encantás, pero... sin compromiso, ¿eh?"... Esos tipos, que existen, que por ahí te dicen esto y vos te fastidiás porque les proponés esa relación comprometida y salen corriendo... Sabés hacia dónde corren, ¿no?

Ilse Cónsoli: No.

J. B.: Hacia otras mujeres que aceptan el planteo de ellos.

Ilse Cónsoli: (Silencio)

J. B.: ¿Vamos a responsabilizar solamente al hombre? ¿Por qué no nos ponemos a pensar por qué las mujeres aceptan ese planteamiento basura? Porque este planteo, para decirlo en castizo, es una mierda... ¿Por qué una mujer acepta que un tipo le diga que va a salir con ella sin compromiso? Nadie te está pidiendo que te cases. ¿Creés que yo aceptaría una relación con un amigo que me dijera: "Mirá, vamos al cine, pero sin compromiso"? No, de ningún modo. Empecemos a concientizar a las mujeres para que no acepten esta propuesta. Las mujeres aceptan porque hay un tema de oferta y demanda. Hay más mujeres que hombres, pero el mundo está lleno de mujeres sueltas... ¡lleno!

¿Qué pasó? No se sabe. Tengo algunas explicaciones para dar al respecto, pero no es el caso de darlas ahora. ¿Por qué no pensar que ciertos hombres pueden hacer este planteo simplemente porque hay mujeres que lo aceptan? Empecemos por cambiar los mensajes de las madres, para que no les digan a sus hijas que deben resignarse a cualquier propuesta de su novio porque si no aceptan estos caprichos masculinos se van a quedar solteras y qué sé yo qué... y lleguemos a las más jóvenes, para que se pongan firmes sabiendo que hay otras mujeres que también van a decirles a estos hombres que no. Porque los hombres que van a buscar a las mujeres que aceptan relaciones "sin compromiso" son los mismos tipos que en mi consultorio y en el de Marcos dicen: "No hay mujeres que valgan la pena".

(APLAUSOS)

Oscar Rodríguez (69 años, comunicador social y jocosamente jubilado): Digo "jocosamente" porque nos han tomado tanto el pelo a los jubilados... ¿Qué fidelidad hemos tenido los argentinos por nuestra patria? ¿No nos estamos mintiendo todos los argentinos? ¿No somos los más infieles? Decimos a menudo que tendría que haber una guerra para que el país se acomodara. ¡Qué lindo, eh! Hemos clamado miles de veces por la democracia. La tenemos. La hemos tenido varias veces. Y la hemos interrumpido nosotros. Estos sinvergüenzas políticos que dicen que rigen nuestro destino nos mienten permanentemente, son infieles con su palabra y con nosotros. Sin embargo, como corderos vamos y los votamos. ¿No somos infieles con nuestra querida Argentina? ¿Qué queremos? ¿Una guerra o una paz con fidelidad?

J. B.: Me encantó. La infidelidad de los argentinos tiene que ver con no creer. Aquel que dice: "Esto no se arregla más", "Siempre será igual", "No hay ninguna posibilidad", no puede ser fiel a la idea del cambio, porque no está creyendo en la posibilidad de los argentinos.

M. A.: Si es cierto que el único paraíso real es el paraíso perdido, lamentablemente los argentinos somos expertos en paraísos perdidos. Nos hemos acostumbrado tanto a quejarnos que, si no disponemos de algún tema político o social para hacerlo, hablamos del mal tiempo, pero siempre algo malo tenemos que comentar; se nos hizo hábito parecer inteligentes mediante la queja. Sin embargo, la Argentina tiene enormes reservas humanas y morales. La gente que hoy está aquí integra ese inmenso ejército que es la reserva humana y moral de la República. Sólo el voluntariado social, el llamado "tercer sector", está integrado por un porcentaje parecido al de un país como los Estados Unidos. Millones de argentinos trabajan anónimamente, sin corrupción, con pasión, a favor de la solidaridad, distribuyendo alimentos, ayudando en diversos ámbitos, tratando problemas como la prevención del abuso de drogas, y tantas otras cosas. Ocurre que todo el tiempo "batimos el parche" con nuestra dirigencia, que es vergonzosa; con las malas noticias, cuando hablamos solamente de temas económicos. Recordemos el exabrupto de Bill Clinton cuando era candidato a presidente, que dijo: "¡Es la economía, estúpidos!". Nosotros debemos decir: "No, en la Argentina la economía es la consecuencia de una cantidad de desnaturalizaciones y corrupciones que nos han enfermado el alma. Aquí ni la sociedad ni las instituciones funcionan bien. Somos el país más paradójico del mundo, porque, a pesar de las dificultades económicas que sufrimos, preparamos profesionales y los exportamos gratuitamente al Primer Mundo, cuando allí los universitarios son la riqueza generadora de nueva riqueza.[5]

Jorge y yo compartimos una profunda esperanza; tenemos confianza en la Argentina, creemos que es un país maravilloso. En muchas partes del mundo sigue habiendo guerras; la Argentina las ha eliminado, ha convertido en objetos arcaicos las hipótesis de conflicto. Contamos con abundantes recursos naturales, pero mal explotados. La Argentina está fuera de las áreas de amenaza nuclear y es el país más alfabetizado de toda América latina. En los últimos cuatro años, solamente la Universidad de Buenos Aires aumentó un 38 por ciento su matrícula, lo cual

---

[5] Estas ideas se desarrollan en el capítulo "¡No es la economía, estúpido!" del libro *El atroz encanto de ser argentino*, de Marcos Aguinis, Buenos Aires, Planeta, 2001.

demuestra que los argentinos quieren estudiar, que apuestan al conocimiento.

Estamos atravesando una situación muy difícil; se ha producido un cambio dramático y se lo ha implementado mal. Los países europeos que llevaron a cabo cambios similares a los realizados aquí en la década de los 90 establecieron el seguro de desempleo. La Argentina no lo hizo; por eso tanta gente sufre hambre y desesperación. Pero no todo está perdido, porque hay recursos. No soy de aquellos que creen que la Argentina va a recuperar la opulencia de principios del siglo XX, pero tengo la certeza de que podemos estar mucho mejor si cada uno asume su cuota de responsabilidad.

(APLAUSOS)

Fernando Pérez Lasala: Una pequeña reflexión y una pregunta. Hablamos de fidelidad, de ser fiel a la idea del cambio; dijimos que muchas veces se mentía, que se callaba por temor, entre otras cosas, a la pérdida familiar, a la independencia; también se dijo que era importante tener valores para llegar a ser independientes. Nosotros estamos acá reunidos... Me preocupa la gente que no tiene esta posibilidad; la gente debe callar y siente miedo porque no tiene posibilidades económicas. Me preocupa la familia donde reina la violencia, el delito interno, donde hablar de los valores para ser independiente es casi una osadía porque ni siquiera cuenta con lo mínimo indispensable. ¿Cómo hacemos nosotros, que tenemos la posibilidad de venir a este auditorio, para transmitir estos mensajes a la gente que carece de posibilidades?

J. B.: Éste es el gran planteo. El hecho concreto de que te preocupe el tema, de que estés aquí pensando en aquellos que no están aquí, es el punto de partida: pensar que además de nosotros nos preocupan los otros. Los mecanismos y las formas tienen que ver con miles de cosas, por ejemplo, con las organizaciones no gubernamentales, con el crecimiento de la tarea de ayuda social y solidaria. La llave está, también, en transformarnos en repetidores de lo que aprendemos. La llave está en aquello que dice Hamlet Lima Quintana:

Hay que llegar a la cima, arribar a la luz,
darle un sentido a cada paso,
glorificar la sencillez de cada cosa,
anunciar cada día con un himno.
Hay que subir dejando atrás el horror y los fracasos
arrastrarse y horadar la piel para ascender
y cuando por fin lleguemos a la cumbre
entonces... darnos vuelta
y estirar las manos hacia abajo
para ayudar a los que quedaron rezagados.

No pensemos que tenemos que llegar todos juntos a la cima, porque así, pensando que para todos o para ninguno, vamos a estar frenando nuestro proceso. No sirve que nos tiremos todos al agua para salvar al que se está ahogando. Alguien va a tener que quedarse afuera, alguien va a tener que tirar la soga, alguien va a tener que sujetarla... Vamos hacia delante, cada uno hasta donde pueda. Vamos a pelear por ello y a poner nuestro corazón confiando en la esencia bondadosa y solidaria del ser humano. Porque hay una necesidad imperiosa de ayudar al que sufre, hay un deseo concreto y humanitario en nosotros, que nos hace tener el deseo y las ganas, no comandadas, sino legisladas, de ayudar al prójimo.

Marcela Moreno (mendocina): En el camino uno está permanentemente nutriéndose. Hay personas que nos iluminan y otras a las que podemos iluminar, como en el juego de la Oca; también detenerse a ayudar nos puede adelantar tres casilleros. Entiendo que practicar el amor o permitirnos aprender de otros acelera nuestro viaje. Alguna vez por ayudar me detuve y, si bien reconozco que perdí tiempo, también gané conocimiento, de mí, de mis limitaciones, de mis móviles y de mis necesidades, y también de las ajenas.

J. B.: Es muy importante lo que decís. Cuando uno de tantos hombres poderosos de los Estados Unidos le preguntó a la Madre Teresa de Calcuta qué podía hacer por ella, su respuesta fue: *"Hay algo que podés hacer por mí. Salí en tu auto mañana muy temprano,* *recorré tu ciudad y encontrá a alguno de los que duermen en los zaguanes cada noche. Bajá del auto, sentate a su lado y hablale, y quedate conversando con él todo el tiempo que sea necesario hasta que lo convenzas de que no está solo".*

Ojalá cada uno de nosotros pueda hacerle saber a uno de los que no está acá, que no está solo. Yo no sé si el tema pasa porque vos o yo le acerquemos el plato de comida que necesita; quizá no sea sólo eso. Quizás, además, haga falta que nos comprometamos a hacerle saber algo que no es tan fácil. Porque dar un plato de comida lleva treinta segundos, pero convencer de que no está solo a aquel que se siente abandonado y de espaldas a la sociedad que no lo cuida, debe llevarnos mucho más tiempo. Ojalá vos y yo nos podamos hacer ese tiempo.

(APLAUSOS)

M. A.: Para cerrar esta charla sobre fidelidad y autenticidad, voy a recordar y enfatizar el comentario de Oscar, que aportó la idea de fidelidad a la patria. Es un oportuno llamado de atención para que nos animemos a ser fieles con la sufrida Argentina. Y jamás renunciemos a la esperanza.

(APLAUSOS)

2
EL VERDADERO SENTIDO DE LA FAMILIA

Adriana Churriguera (coordinadora): Hasta no tener resuelto el propio proyecto de vida y el vínculo con uno mismo, parece muy difícil llegar a construir una familia. Por otro lado, muchos sostienen que sólo en familia nos podemos realizar, nos podemos encontrar. ¿Qué está primero? ¿La búsqueda de uno mismo o la del entorno familiar?

M. A.: La pregunta que nos hacés es parte constitutiva del progreso. Tiempo atrás estos conflictos eran más fáciles de resolver, porque el hombre era el patriarca, el dueño de la familia; él decidía y todos debían someterse a su voluntad. Actualmente, la estructura es menos vertical; la mujer desempeña su papel, los hijos opinan, aparecen situaciones que desconocíamos. Asistimos a una etapa novedosa en la que todos los integrantes de la familia deben saberse importantes, valiosos, con derecho a voz. Por cierto que existen papeles, como los del padre y la madre, que, entre otras cosas, deben cumplir con una tarea muy importante: poner límites. A los hijos no les gusta que les pongan límites, pero, por lo que sabemos hasta ahora, crecen mejor cuando los hay.

Moni Ballestero (fonoaudióloga, nicoleña): Una pregunta puntual sobre la familia: ¿Cómo se hace para convivir con las novias de nuestros hijos? Tengo tres adolescentes, dos varones y una mujer. Los varones, desde que están noviando, han incorporado a estas jovencitas a nuestra casa como parte de la familia, y cuando nos quisimos acordar nos sentimos totalmente invadidos en nuestra intimidad. Hay veces que queremos tratar algún tema y nos cuesta encontrar el momento o se pierde la posibilidad. Particularmente yo, me siento tironeada. Entre mi marido y los chicos hago de mediadora, pero termino agotada; es un gasto de energía terrible. Algo similar sucede en las vacaciones: en vez de anotarse para ir con la familia de ellas o con amigos, mis hijos me piden venir con nosotros. Realmente no tengo deseos de responsabilizarme de nadie, quiero descansar, que seamos pocos, pero por otro lado me siento "ogro" al negarles el viaje. ¿Qué dicen ustedes?

J. B.: Ser padres o madres de hijos adolescentes que nos traen a esos adorables "intrusos" es siempre difícil. Muchas de nuestras familias han sido construidas, como digo yo, en piloto automático, sin mucha conciencia. Nos casábamos sin pensar, como siguiendo la tradición... Las familias están comenzando a hacerse cada vez más conscientes; nuestros adolescentes empiezan a casarse más grandes porque se dan cuenta de que no pueden tomar una decisión tan importante desde lugares poco maduros. Es verdad que los tiempos son difíciles para enfrentarse a la historia de construir una familia, pero también es cierto que la familia ha persistido, y tendrá que encontrar nuevas formas de funcionar. Por el momento sugiero dejarse fluir y confiar en aquello que antes hemos enseñado a nuestros hijos.

Alicia: Yo tenía 20 años en los 60, una década gloriosa. Más detalles no voy a dar. Tengo dos títulos universitarios, treinta y cinco años de experiencia en el país, he residido en el extranjero y ahora soy desocupada, viuda de un hombre preclaro en la República Argentina, Premio Nacional de Literatura en 1984, autor entre otros de *Echeverría*, *José Ingenieros*, *Aníbal Ponce*, pero no para rescatarlos como anquilosados, sino con un sentido dinámico que arranca de una Revolución de Mayo interrumpida y de un gran tajo en la República Argentina, que se produce en 1930, donde, si sacamos la cuenta pormenorizada, se ha vivido permanentemente con estados de sitio, lo que significa el receso de las garantías constitucionales, entre ellas la de opinar y expresar libremente las ideas. No se podía introducir ideas que no sonaran bien al oído de una clase dominante que era y sigue siendo retrógrada. Aun con esta fachada de democracia, tenemos que ser conscientes de que son dos caras de la misma moneda, ¿o vamos a seguir haciendo gatopardismo? Para ensamblar este tema con el anterior, quisiera decir que hay un tiempo personal. Todos querríamos ver que el mundo cambiara durante nuestra vida. Hay un tiempo histórico, hay un tiempo mundial, hay un tiempo cósmico ahora, y hay el "no tiempo", que se va descubriendo con la física cuántica...

J. B.: Te pido que abrevies.

Alicia: Perdón, ¿sabés qué pasa? Yo no quiero preguntar, sino opinar.

J. B.: Yo te entiendo, pero queremos compartir entre todos este espacio.

Alicia: Bien, perfecto. Sintetizando... si bien el mundo está cambiando, todavía predomina la estructura patriarcal. Y como los derechos no se regalan sino que se conquistan, estamos haciendo un cambio. Esto tiene descolocados a los hombres. Tenemos que acostumbrarnos a aquello que decía Jung: el casamiento debe darse dentro del hombre y dentro de la mujer; si hay un desfase en que la mujer es sometida y tiene la sensibilidad, y el hombre no puede tener sentimientos y quiere conservar la agresividad, evidentemente no va a andar...

J. B.: Bien...

Alicia: ¡Perdón! Una sola cosa más: el nuevo paradigma será posible cuando los hombres tengan permiso para amar y llorar sin avergonzarse, y las mujeres, jugar los dobles papeles también.

M. A.: Los argentinos tenemos que valorar la tradición que predomina —a causa de la herencia española, italiana, árabe, judía—, en la cual la familia es muy importante. Pero cuidado: una cosa es la publicidad y el dogma, y otra, entender qué significa verdaderamente la palabra familia. No se trata sólo de vivir en una misma casa, porque ésta puede ser un verdadero infierno, sea porque los padres no dialogan con los hijos, porque el marido golpea a la mujer, porque no hay respeto... La familia es el núcleo donde se construyen afectos, donde hay amparo, consuelo, descanso, paz, estímulo, educación, valores... La familia funciona como continente; es el marco de un cuadro, cuyo contenido puede variar. Como decía Jorge, los jóvenes de hoy se casan más tarde e incluso hacen su experiencia prematrimonial —algo que antes se consideraba un pecado— para ver si compaginan antes de tener hijos. Hace falta que la maternidad y la paternidad sean responsables; no podemos traer criaturas al mundo para que luego sean miserables. En nuestro país se han producido muchos cambios. Hasta hace poco tiempo los hijos solían irse precozmente de la casa y hacían cualquier cosa con tal de vivir solos; hoy en día, por el contrario, suelen demorar su partida, y los padres no saben qué hacer para que comiencen a independizarse. Esta realidad muestra un dinamismo, un acomodamiento.

J. B.: Tampoco hay que llevar al extremo la experiencia prematrimonial exploratoria...

Tengo un amigo que vive con su novia hace cuarenta años... La semana pasada mantuvieron este diálogo:
—Viejo, vos tenés 60 años, yo tengo 56, ¿no te parece que es hora de que nos casemos?
—Sí, pero ahora... ¡quién nos va a querer!
(RISAS)

Rosa Eva Sosa (48 años): Doctor Aguinis, ¿cómo hacemos para conformar una buena familia, en la que nos amemos sanamente?

M. A.: Los adultos de la familia deben tener en cuenta que los hijos están alerta a su conducta y la repiten. Si los padres no se conducen moralmente de acuerdo con ciertos valores, los hijos tampoco lo harán, y después no vale ninguna clase de reproches.

Liliana (de Villa Dolores, Córdoba; adoptada por los mendocinos): ¡Ah! 27 años de casada, divorciada...

J. B.: (*Con ironía*) Para no mentir... según la estadística de Saratoga.

Liliana: Exacto, tal vez porque ya me habían mentido antes... Mediante un gran esfuerzo, terapia incluida, decido, no precisamente con dos copas de champaña, darle el "piretro" al muchacho...

J. B.: ¡Me encantó lo de "darle el piretro"!

M. A.: Hay que estudiar cordobés básico...

Liliana: El costo es muy alto; hay que tener ovarios suficientes para hacerse cargo de los hijos. Porque hay hombres que se van, se borran, y dejan a los chicos sin padre... Quiero y deseo fervientemente expresar mi desacuerdo con Aguinis, y decir que mis hijos tienen el derecho de sentir que yo soy una mamá que sigue dándoles las pautas necesarias para que ellos no hagan lo que hizo el padre y sepan que hay otra clase de gente, independientemente del sexo, que tiene fe, que cree, que se juega...

M. A.: ¿En desacuerdo? Cada uno escucha lo que quiere, es sabido...

J. B.: ¿Qué edad tienen tus hijos?

Liliana: 25, 23, 18...

J. B.: ¡Pobrecitos! ¡Dejá de darles pautas! Mirá, las pautas que les diste hasta los 8 las tomaron; ¡ahora pará!... Dejá, no se las des más. La verdad, cuando me voy en la ruta y mi mamá me llama para decirme: "Cuidate, manejá despacio", yo te juro que no es eso lo que va a condicionarme. Todo lo que no pudiste enseñarles a tus hijos hasta los 12 o 14, podés ir dejándolo en manos de sus novias... olvidate. Tu rol de madre legisladora, enseñadora, nominativa y modelo terminó. ¡Conseguite otro laburo, amor, que éste de darles las "pautas necesarias"... éste terminó.

(APLAUSOS)

Daniel (39 años): Soy separado, tengo dos nenas, de 7 y 4 años. Me quedé pensando en lo que dijo Aguinis, que los chicos van a hacer lo que hagamos nosotros. Yo, por un lado, trato de hacer una cosa, y la madre, por otro lado, hace otra...

J. B.: *(Irónico)* ¡Qué hija de...! Cómo se atreve a no hacer lo que vos querés! (RISAS). Es indudablemente una mala persona...

(MÁS RISAS)

Daniel: En serio, sé lo que mis hijas están mamando; lo que no sé es lo que van a volcar... Éste es mi gran interrogante, porque son chiquitas; no son tan grandes como los hijos de la cordobesa *(se refiere a Liliana)*. Yo no quiero ser represivo, pero siento la necesidad de saber guiarlas...

J. B.: Mirá, Daniel, la verdad es que en esto yo tengo una postura odiosa. En casi todas las demás cosas yo soy bastante laxo, pero en esto no. Voy a decir verdaderamente lo que pienso, y te pido disculpas a vos y a todos los que sientan que mi respuesta los daña. Personalmente, desde mi rol de terapeuta, yo sé que la separación de los padres produce dolor en los hijos, cualquiera que sea la edad. En algunos hijos más dolor, en otros menos, y la cantidad de daño que ocasione ese dolor depende de la relación que los padres mantengan después de la separación. Si los hijos terminan siendo el trofeo disputado o rechazado, el daño será mayor... Y a veces no hay mucho para hacer. En el consultorio, la gente me pregunta: *(irónico, determinante)* "Doctor, ¿qué es mejor? ¿Que los padres se separen y vivan felices cada uno por su lado y los chicos los vean separados pero felices? ¿O que los padres sigan juntos y se peleen todo el día y los hijos tengan que presenciar esas peleas terribles cada vez?" Y yo contesto: Lo mejor para los hijos es que los padres se quieran mucho entre sí y quieran mucho a los hijos. Al que no le tocó esto, lo mejor... no le tocó. Así que podemos empezar a pensar "qué es peor", no "qué es mejor". Éste es el valor que tiene la familia. No hay nada más constructivo para un chico que tener dos padres que se quieren mucho y los quieren mucho a ellos. Nada es comparable a esto. El resto son cosas a las que uno tiene que acomodarse, cosas que la vida depara.

La separación de los padres es una desgracia para el chico, un problema, algo que dificulta su desarrollo. No es *(exagerando)* ¡una desgraaaaacia terriiiiiiible e imperdonable! Nadie se va a destruir por esto, sobre todo en los tiempos que corren. Pero no deja de ser una complicación. Así que te digo: lo más importante de todo es tu relación con la madre de los chicos. Lo que va a proteger a tus hijas del daño posible que pueda producir esta separación es tu relación con ella. *(Imitando una reacción despechada)* "¡Sí, pero ella es insoportable y terrible...!" *(Solemne)* Sí, es probable que lo sea. Pero de todas maneras me parece importante que trabajes sobre este punto. Cómo proteger a tus hijos. Seguramente les vas a dar lo mejor de vos, y eso va a ser suficiente. Si no, no te preocupes, mi hijo va a ser psiquiatra... Después te doy el teléfono...

(RISAS Y APLAUSOS)

M. A.: Esto nos pone frente a una realidad de acero. Existe la familia ideal, donde los padres se quieren mucho, ambos aman a los chicos y éstos se sienten queridos. Pero esta situación puede quebrarse por elementos ajenos a la familia, por ejemplo, que se muera uno de los padres. ¿Qué pasa después? El que quedó como sobreviviente, ¿debe incorporar a otra mujer o a otro hombre? ¿Qué repercusiones tiene sobre el hijo? La situación es similar al divorcio, pero éste se tolera menos, aunque hoy en día está bastante aceptado, se ve de otra forma. Sin embargo, cuando comienza la disputa sobre los hijos, la tenencia y demás, es muy frecuente encontrarnos con lo atroz, esto es, que el padre o la madre olviden que hay un hijo que mira, siente y sufre. En ese momento está ocurriendo aquello que puede marcarlo. Pero también es muy malo para el hijo que el padre y la madre, no queriéndose, no pudiendo vivir juntos, se maltraten sosteniendo un hogar falso. Antes se decía que había que "aguantar" por los hijos, que la pareja tenía que simular un afecto que ya no existía. Tengo la certeza de que los hijos se dan cuenta cuando una relación afectiva se murió.

Claudia Domínguez (32 años): Estoy de acuerdo en que los hijos de padres divorciados quedan afectados. Mis padres no se separaron nunca, pero, desde mi experiencia personal, yo hubiese preferido que lo hicieran, que buscaran la felicidad cada uno por su lado, en lugar de haber vivido en un seno familiar donde todo era una actuación. Este tipo de familia me hizo muy mal; mis emociones se vieron muy resentidas y alteradas. Puedo citar: mucho miedo, ansiedad, culpa, enojo conmigo misma, baja autoestima, falta de convicción en mis decisiones y varios etcéteras. Ojalá que este testimonio sirva para comprender otros casos y prevenir consecuencias.

M. A.: El tema de la familia no es sencillo. Hay gente fanática que lo pretende simple y que así lo predica, pero está fuera de la realidad. La complejidad radica en que hay que aspirar a lo ideal, pero lo ideal no siempre es posible. ¿Qué es lo más importante? Estén o no juntos los padres, que los hijos tengan la certeza de que son amados y respetados.

María Marta: A lo largo de mis años de terapia, lecturas y conferencias, fui entendiendo que el amor es "condicional", y que sólo es "incondicional", como dice Jorge, cuando se trata del amor de padres a hijos, no de hijos a padres. No me gusta categorizar el amor, pero empecé a confirmar esta diferencia entre amor "condicional" e "incondicional" cuando tuve a mis hijos (la mayor tiene 5 años). Pregunto: ¿Cómo se hace para no condicionar a nuestros hijos, para no "moldearlos"? ¿Nos cuesta aceptar que no hacen lo que nosotros esperamos de ellos, que son personas diferentes de nosotros y que debemos quererlos tal como son? Esto se percibe, y entiendo que condiciona. No lo tengo claro y me gustaría escuchar una reflexión de ustedes.

J. B.: Sólo una breve respuesta, María. La aceptación es siempre el gran abismo que el amor debe salvar.

Mabel: Soy separada con dos hijos, un varón de 17 y una púber de 14. ¿Qué influencia tiene la educación en los fracasos matrimoniales? Si aceptáramos las diferencias, si no exigiéramos a nuestra pareja lo que nosotros no tenemos, ¿se reduciría el porcentaje de matrimonios desarmados?

M. A.: Cuando se forma una pareja se trata de hacer que engranen dos ruedas dentadas, dos universos distintos, que deben compatibilizar sus historias y sus diferentes características. Lo de la diversidad es cierto; nunca son dos personas idénticas. Los dos universos deben no sólo compatibilizarse sino también asombrarse, descubrirse y cultivarse.

Federico (31 años): Mi pregunta es personal. Quiero incluir el sentido religioso, pero a mi manera. Hasta el día de hoy, aún no he resuelto la aceptación de Dios, es decir, no estoy convencido de su existencia ni de mi creencia en él. ¿Qué pasa con la persona que no puede creer en Dios, sea en mi caso o en otros?

¿Cómo habría podido llegar a mi edad si hubiese creído? No hago responsables a mis padres. ¿Cómo puedo adquirir esos valores? ¿A través de qué tipo de fe? ¿O con qué valores alimento mi fe si todavía no he resuelto mi relación con Dios?

M. A.: Es un tema que nos aparta del que estamos tratando... Yo soy agnóstico; lo he dicho muchas veces, incluso en los diálogos con monseñor Laguna[6]. A él le molesta que yo sea agnóstico. Publicó posteriormente un libro cuya dedicatoria dice: "A Marcos Aguinis, cada vez más amigo y cada vez menos agnóstico"; y yo le dije: "Es lo que usted desea". Quienes tienen la fortuna de creer, posiblemente se sientan mejor que muchos que no creen. Pero esto no se logra por decreto; forma parte de la constelación emocional y la necesidad de cada uno. Desde la fe, se lo ve como una gracia que algunos reciben y otros no. Los que poseen esa gracia piensan que quienes no creen en Dios son malas personas, carentes de códigos morales, que viven en un estado de permanente infelicidad. No es así; muchas personas agnósticas, o incluso ateas, son muy correctas y felices. De modo que estamos frente a una gran incógnita. A principios del siglo XX se creía que la religión iba a desaparecer; sin embargo, hoy ha rejuvenecido, se ha perfeccionado. Millones de personas necesitan de la religión, acaso porque desempeña una función muy importante, especialmente en ética y armonía social. También hay gente que no cree, pero no tenemos que desesperarnos por ello.

Gonzalo Casales ("un ser humano"): Quisiera compartir una experiencia. Soy divorciado, tengo una excelentísima relación con mi ex mujer, estoy acá con mi novia, que es amiga de mi ex esposa... Amo a mis hijas; mi novia también las ama. Y quiero decir que se puede.

J. B.: Acabás de decir algo tan importante... que yo te sugiero que no hables más... (RISAS). Te lo digo de verdad. Por la manera en que lo hiciste... cualquier aclaración... oscurece. Haber encontrado una nueva compañera capaz de solventar tu trato cordial

---

[6] Diálogos sobre la Argentina y el fin del milenio (Junto a monseñor Justo Laguna), Buenos Aires, Sudamericana, 1996.

con tu ex mujer, capaz de entender y acompañarte en tu amor por tus hijas y no competir con la madre de las chicas por ese amor, es parte de tu mérito y, por supuesto, parte del mérito de ella. Agradezco tus palabras.

María Ángela Pascale: (*Entusiasmada, sonriente*) Les quiero contar algo que para mí es muy satisfactorio. Por suerte, gracias a Dios y con la colaboración de mi hija, hemos puesto de novio a mi ex marido... ¡Estamos todos felices! Ahora me dedico más tranquilamente a hacer mis propias compras de supermercado... porque confía... ¡me da la plata a mí, cosa que antes no hacía!...

(RISAS)

J. B.: ¿Que pasó? ¡Ahora de repente todos tienen una pareja maravillosa! ¿Están filmando algún aviso publicitario?... (RISAS).

Hablando seriamente, éstas son las "nuevas situaciones familiares" a las que Marcos se refería anteriormente. Las estadísticas no son broma. En la República Argentina, más de la mitad de los chicos no viven en la casa con sus dos padres. Estamos ante una realidad de la mayoría. Empecemos a comprender armónicamente la determinación de rehacer pareja, tanto de papá como de mamá. Esto ayudará a nuestros hijos a resolver la situación y a comprenderla. Así que el testimonio de María Ángela, más allá de las bromas, es absolutamente importante.

Federico (22 años): Durante la charla —y esto lo digo en sentido crítico— se han ido estableciendo límites. Cuando se habló de ayudar al prójimo, se mencionó a la Argentina. ¿Qué importancia tienen las fronteras cuando se trata de ayudar a los que más necesitan?

J. B.: Mirá, entiendo lo de los niños de Ruanda, entiendo lo de los niños de Kosovo, entiendo que cualquier ser humano que sufre lo hace con el mismo dolor. Te pido disculpas por si esto que voy a decir te ofende, pero estoy aquí tratando de ser muy sincero y exponiendo mi corazón. Para mí... no es lo mismo. Los dos son seres humanos, los dos sufren, el dolor de los dos me duele... Pero ¿querés que te diga la verdad? Quiero ayudar primero a quienes están más cerca de mí, a quienes más me importan, quiero ayudar primero a mi hermano, quiero ayudar primero a mi vecino, a mi compatriota, para después ayudarlos a ayudar a los otros. ¿Esto es una mierda? Sí, es verdad, esa mierda soy yo. Yo elijo ayudar primero a unos que a otros. Yo elijo ayudar primero a los que más quiero. No me importa igual mi vecino de enfrente que mi vecino de la vuelta, y viven a la misma distancia de mi casa; con mi vecino de enfrente tengo vínculo, con el de la vuelta no. Los dos son seres humanos por igual, los dos tienen derecho a ser ayudados, pero ayudaría antes a mi vecino de enfrente. Yo sé de mis prioridades. Mis prioridades se basan en mis afectos, y mis afectos se basan en mi compromiso, y mi compromiso es con aquellos con quienes comparto más cosas. Entonces, yo, en lo personal, no tengo ese concepto de humanidad que vos detentás. Me parece bárbaro que lo tengas; no estoy diciendo que lo abandones ni que cambies de idea. Tenés razón, los límites que mencionás existen; pero existen en tanto los puse yo. Esto es lo que creo. Valoro tu bandera de humanidad, podés seguir sosteniéndola, está muy bien. Me gusta que la tengas. Por si te sirve de algo... y como disculpa para mi egoísmo, quizá mi posición se deba a que me he vuelto un poco viejo y ya no tengo tiempo para todos... Puede ser...

(APLAUSOS)

Verónica Sotano (32 años): Los hijos más chicos, ¿tienen menos herramientas para elaborar un divorcio? Estoy pensando si es posible, ante la necesidad de separarse, buscar el mejor momento en función de la edad de los hijos.

M. A.: Te contesto con una pregunta: ¿Existe una edad en que los chicos pueden tolerar mejor la muerte del padre o de la madre? El divorcio es un trauma, y el daño depende de cómo se maneje ese trauma. Si los hijos son pequeños y el divorcio de los padres es civilizado —si se protege a los chicos y se les evita sufrimientos adicionales—, el trauma estará mejor manejado que en el caso de un divorcio con hijos no tan pequeños pero en el cual los padres no observan estos cuidados. Algo frecuente en los hijos es la fantasía de que los padres se divorciaron por culpa de ellos. La atracción por los padres, complejo de Edipo mediante, genera este sentimiento. La única forma de eliminar la ilógica culpa del niño consiste en demostrarle que es amado. Se entiende que, cuanto más pequeño es el chico, más frágil. Pero esta fragilidad no puede evaluarse de una manera estadística; no es posible afirmar que a los cinco años el trauma es mayor que a los ocho.

Aurora (43 años): Pensar y creer van de la mano con el obrar. Si esto fuese real, tendría la familia que yo quiero, la que creé en mi mente, la que idealicé. En consecuencia, también sería exitosa en mi matrimonio. ¿Cómo se hace para que se tomen la mano las tres cosas?

J. B.: Tu pregunta es clave y se relaciona con el concepto de salud, con ser capaz de armonizar las cosas que tengo y *encontrarme* con aquel compañero de ruta que va en mi mismo sentido. Las parejas no sólo suceden; las parejas se construyen. Lo que sucede, en todo caso, es el amor, la atracción. Construir una pareja es realmente laborioso, implica mucha energía, una tarea que dura toda la vida. No hay una fórmula que te pueda dar. No hay un tipo de familia, no hay un tipo de pareja, no hay un tipo de matrimonio. Cada familia, cada pareja, cada estructura deberá armar su propio estilo y su propia forma, pero sabiendo que van a tener que compatibilizar la pareja que quieren; y si tienen hijos, van a tener que priorizar y protegerlos a ellos, porque los hijos no pueden defenderse de los padres. Quizás éste sea el único caso donde paradójicamente tenga algún sentido proteger al otro de mí.

Fernando Amín ("esposo, a veces feliz, no siempre"): Hay que reconocer y respetar la diversidad. Cada persona encuentra la dicha de una manera diferente. Algunas la encuentran en la familia, en la fidelidad, y son felices así... ¡siendo fieles! Y otras personas no, otras son felices... ¡siendo infieles! Hay que respetar a esas personas que son felices de otra manera.

J. B.: Voy a hacerte una pregunta indiscreta: ¿Tu mujer está en la sala?

Fernando Amín: *(Señalando)* Está acá.

J. B.: *(A la mujer)* ¿Sos vos?... Te mando mi corazón, reina, yo lo siento mucho, de verdad...

(RISAS)

Fernando Amín: Entiendo que no hay que abrir juicios de valor sobre las personas...

J. B.: ¡Quedate tranquilo! Entendimos todos y vamos a hacer un voto de silencio por tu comentario...Por lo menos hasta que se edite el libro. (APLAUSOS). Y ahora, más allá de la broma, estoy totalmente de acuerdo con tu planteo. Cada pareja debe ser capaz de levantar su propia carpa y de armar su propio circo.

Valeria (18 años): ¿Cómo se compone la familia de un hijo de padres separados? ¿Por la pareja de la madre, por la pareja del padre, por con quién se quede el hijo...? Cuando el hijo queda en el medio, ¿cuál es el papel de la familia con respecto a él?

J. B.: Esto es lo que puede llegar a pasar si se pierde de vista el valor del concepto de "familia". Todos los días llegan a nuestros consultorios mujeres separadas con hijos. Y cuando le preguntamos: "¿Cómo se compone tu familia?", ella contesta sin dudar: "Mis hijos y yo...". Entonces llega el marido, separado, que vive solo. Le preguntamos: "¿Cómo se compone tu familia?", y él dice: "Bueno... eh..." Y duda. A veces esos hombres dicen "mi ex mujer y mis hijos"; otras veces dicen "mi mamá, mi papá, mi tío y mi perro"; y otras veces no saben qué decir.

La familia de una persona se compone por aquellos que ocupan un lugar en su corazón. En el caso de tu pregunta, la familia se compone por aquellos que el chico siente que son su familia, por los vínculos afectivos que se establecen en esta estructura de contención. Siempre digo que la familia es, nada más ni nada menos, un trampolín sobre el cual cada uno de los hijos tiene que caminar para saltar a su propia vida. Sin retorno. Y todos aquellos que hayan funcionado como pilares en ese trampolín serán su familia.

Es difícil determinar estas cosas cuando la familia está muy mezclada. A veces mamá con su pareja nueva que tiene otros hijos, a veces papá con su nueva pareja que tiene hijos del matrimonio anterior que... ¿qué carajo son míos, no? Yo entiendo que es muy complicado. En psicología existe hoy una especialidad abocada a este tema específico: "familias ensambladas". Creo que la respuesta hay que encontrarla personalmente. Ver a quién le voy a dar yo lugar, a quién le voy a abrir mi corazón para ser mi familia. Y sentirme con derecho a hacerlo. Yo decido quién es mi familia y funciono afectivamente desde este lugar. Los demás son satélites de esta familia, que viven, funcionan, están alrededor. Pero, más allá de mis padres y hermanos, no puedo legislar sobre el amor, no puedo legislar a quién querer, a quién no querer, a quién llamar "papá", "mamá", quién tiene que ser mi hermano y quién no... No se puede hacer esto. La familia tiene que ser más vivencial.

M. A.: Es asombroso lo que dijo Jorge, y nos lleva a algo que mencionamos al principio: que lo importante y simple en la familia son los lazos afectivos. La institución proclamada por decreto no funciona. Pueden vivir muchas personas en una misma casa, verse muy seguido, y sin embargo no tener afecto entre sí. Allí no hay una auténtica familia.

J. B.: Como dice Marcos, a la familia auténtica la definen los vínculos. Dejame hacerte un regalito a vos, Valeria... a vos.

Cuentan que el viejo Nicasio se asustó tanto con su primer dolor de pecho, que mandó a llamar al notario para dictarle un testamento.

Siempre había conservado el mal gusto que le dejó la horrible situación sucedida entre sus hermanos a la muerte de sus padres. Se había prometido que nunca permitiría que esto pasara entre Fermín y Santiago, sus dos hijos. Dejó por escrito que a su muerte un agrimensor viniera hasta el campo y lo midiera al milímetro. Una vez hecho el registro, debía dividir el campo en dos parcelas exactamente iguales y entregar la mitad del lado este a Fermín, que ya vivía allí en una pequeña casita con su esposa y sus dos hijos; y la otra mitad a Santiago, que, a pesar de ser soltero, pasaba algunas noches en la casa vieja que estaba en la mitad oeste del campo. La familia había vivido toda su existencia del labrado de ese terreno, así que Nicasio no dudaba que esto debía dejarles lo suficiente como para tener siempre qué comer.

Pocas semanas después de firmar el documento y contarles a sus hijos su decisión, una noche Nicasio se murió.

Como estaba establecido, el agrimensor hizo el trabajo de medi-

ción y dividió el terreno en dos partes iguales clavando dos estacas a cada lado y tendiendo una cuerda entre ellas.

Siete días habían pasado cuando Fermín, el mayor de los hijos del finado, entró en la iglesia y pidió hablar con el sacerdote, un viejo sabio y bondadoso que lo conocía desde que lo había bautizado.

—Padre —dijo el mayor de los hermanos—, vengo lleno de congoja y arrepentimiento. Creo que por corregir un error estoy cometiendo otro.

—¿De qué se trata? —preguntó el párroco.

—Le diré, padre. Antes de morir el viejo, él estableció que el terreno se dividiera en partes iguales. Y la verdad, padre, es que me pareció injusto. Yo tengo esposa y dos hijos, y mi hermano vive solo en la casa de la colina. No quise discutir con nadie cuando me enteré, pero la noche de su muerte me levanté y corrí las estacas hasta donde debían estar... Y aquí viene la situación, padre. A la mañana siguiente, la soga y las estacas habían vuelto a su lugar. Pensé que había imaginado el episodio, así que a la noche siguiente repetí el intento y a la mañana otra vez la cuerda estaba en su lugar. Hice lo mismo cada noche desde entonces, y siempre con el mismo resultado. Y ahora, padre, pienso que quizá mi padre esté enojado conmigo por vulnerar su decisión y su alma no pueda ir al cielo por mi culpa. ¿Puede ser que el espíritu de mi padre no se eleve por esto, padre?

El viejo cura lo miró por encima de sus anteojos y le dijo:

—¿Sabe ya tu hermano de esto?

—No, padre —contestó el muchacho.

—Andá, decile que venga, que quiero hablar con él.

—Pero padrecito... Mi viejo...

—Después vamos a hablar de eso. Ahora traeme a tu hermano.

Santiago entró en el pequeño despacho y se sentó frente al cura, que no perdió tiempo:

—Decime... Vos no estuviste de acuerdo con la decisión de tu padre sobre la división del terreno en partes iguales, ¿verdad? —El muchacho no entendía muy bien cómo el sacerdote sabía de sus sentimientos. —Y a pesar de no estar de acuerdo no dijiste nada, ¿no es cierto?

—Para no enojar a papá —argumentó el joven.

—*Y para no enojarlo te viniste levantando todas las noches para hacer justicia por mano propia, corriendo las estacas, ¿no es así?*

El muchacho asintió con la cabeza, entre sorprendido y avergonzado.

—*Tu hermano está ahí afuera. Decile que pase —ordenó el cura.*

Unos minutos después los dos hermanos estaban sentados frente al sacerdote, mirando silenciosamente el piso.

—*¡Qué vergüenza!... Su padre debe de estar llorando desconsolado por ustedes. Yo los bauticé, yo les di la primera comunión, yo te casé a vos, Fermín, y bauticé a tus hijos, mientras que vos, Santiago, les sostenías las cabecitas en el altar. Ustedes, en su necedad, han creído que su padre regresaba de la muerte a imponer su decisión, pero no es así. Su padre se ha ganado el cielo sin lugar a dudas, y allí estará para siempre. No es ésa la razón del misterio. Ustedes son hermanos y, como muchos hermanos, son iguales. Así fue como, cada uno por su lado, guiado por el mezquino impulso de sus intereses, se ha levantado cada noche desde la muerte de su padre a correr las estacas. Claro, a la mañana las estacas aparecían en el mismo lugar. Claro... ¡si el otro las había cambiado en sentido contrario!*

Los dos hermanos levantaron la cabeza y se encontraron en las miradas.

—*¿De verdad, Fermín, que vos...?*

—*Sí, Santiago, pero nunca pensé que vos... Yo creí que era el viejo enojado...*

El más joven se rió y contagió a su hermano.

—*Te quiero mucho, hermanito —dijo Fermín, emocionado.*

—*Y yo te quiero a vos —contestó Santiago, poniéndose de pie para abrazar a Fermín.*

El cura estaba rojo de furia.

—*¿Qué significa esto? Ustedes no entienden nada... ¡pecadores, blasfemos! Cada uno de ustedes alimentaba su propia ambición y encima se felicitan por la coincidencia. Esto es muy grave...*

—*Tranquilo, padrecito... El que no entiende nada, con todo respeto, es usted —dijo Fermín—. Todas las noches yo pensaba que no era justo que yo, que vivo con mi esposa y mis hijos, recibiera* igual terreno que mi hermano. Algún día, me dije, cuando seamos mayores, ellos se van a hacer cargo de la familia; en cambio Santiago está solo, y pensé que era justo que él tuviera un poco más, porque lo iba a necesitar más que yo. Y me levantaba a correr las estacas hacia mi lado para agrandar el terreno de él...

—Y yo... — dijo Santiago con una gran sonrisa—. ¿Para qué necesitaba yo tanto terreno? Pensé que no era justo que, viviendo solo, recibiera la misma parcela que Fermín, que tiene que alimentar cuatro bocas. Y entonces, como no había querido discutir con papá en vida, me levanté cada una de estas noches para correr las estacas y agrandar el campo de mi hermano.[7]

(APLAUSOS)

---

[7] Este cuento pertenece al libro de Jorge Bucay *El camino del encuentro*, Buenos Aires, Sudamericana/Del Nuevo Extremo, 2000.

6
ÉXITO O EXITISMO

Adriana Churriguera (coordinadora): Ya casi no nos queda tiempo para el último tema. Marcos, en *Un país de novela*[8] usted señala la diferencia entre ser exitoso y ser exitista. En el tiempo que queda de esta charla, ¿podría diferenciar para nosotros estos conceptos?

M. A.: Si bien las dos palabras derivan de "éxito", se refieren a ideas casi antagónicas. El "exitista" es alguien ansioso, con débil autoestima, que necesita un triunfo rápido, un aplauso, una gratificación que niegue la sensación descalificante que tiene de sí mismo. Entonces se conforma con cualquier éxito, por magro que sea; no tiene paciencia ni ganas para invertir un gran esfuerzo, pues no cree que vaya a lograrlo. Corre detrás de las migajas. El "exitoso", en cambio, es alguien con una fuerte autoestima, capaz de esperar, de invertir un gran esfuerzo en proyectos de largo aliento, alguien que apuesta sólo a triunfos rotundos, categóricos.

Por cierto, cualquiera diría que es mejor ser exitoso, pero no depende de la voluntad. Hay muchos factores que determinan que una sociedad entera tienda a ser exitista, como nos pasa a los argentinos, a quienes las dificultades, los cambios en las reglas de juego o inestabilidades de todo tipo nos han llevado a decir: "Ésta es mi oportunidad", "La hago ahora porque si no la pierdo", "Nunca voy a tener otra ocasión similar"; es decir, querer obtener

---

[8] Marcos Aguinis, *Un país de novela*, Buenos Aires, Planeta, 1988.

ganancias rápidas, fáciles, cortas, incluso mediante trampas. La famosa viveza criolla, un vicio horrible que hemos incorporado hace mucho tiempo, nos estimuló a ser exitistas. El "vivo" es aquel que se aprovecha del "punto" porque necesita el aplauso de la barra para consolar lo que en el fondo sabe que es: un pobre tipo.

Ojalá los argentinos fuésemos más exitosos que exitistas. Pero tampoco hay que ser fanático: imponerse objetivos que están más allá de la propia capacidad termina seguramente en una frustración. Aun así, esto no significa que un exitista no pueda tener proyectos más elevados. Con frecuencia, este tipo de sujeto queda enviciado con la conquista fácil y no advierte que está en condiciones de alcanzar un éxito mayor. Para no caer en la frustración, el que posee capacidad para lograr un éxito importante debería llevarlo a cabo de acuerdo con lo que siente que puede conseguir.

Cuentan que un argentino se fue a vivir a los Estados Unidos en busca del éxito que no tenía en su país. No conocía mucho el idioma y, al poco tiempo, envió a sus familiares una carta en la que les decía: "La verdad es que el pueblo norteamericano es muy perceptivo; por donde salga, en todas partes, me desean éxito: exit... exit... exit...".

(RISAS)

J. B.: La palabra "éxito" viene de "*ex-sitere*", que literalmente quiere decir "a la salida". Quizá lo etimológico esté sugiriendo que el éxito se mide al final, en la consecución de los pequeños logros, en el resumen de la vida. El exitismo, en cambio, sólo pone énfasis en el reconocimiento de los demás. Vamos a terminar esta noche con un cuento:

Había una vez, en un pueblo, dos personas que se llamaban Joaquín González. Uno era sacerdote de la parroquia y el otro era taxista. Quiere el destino que los dos mueran el mismo día. Entonces llegan al cielo, donde los espera San Pedro.

—¿Tu nombre? —pregunta San Pedro al primero.

—Joaquín González.

—¿El sacerdote?

—No, no, el taxista.

San Pedro consulta su planilla y dice:

—Bien, te has ganado el paraíso. Te corresponden estas túnicas con hilo labrado en oro y esta vara de platino con incrustaciones de rubíes. Puedes ingresar...

—Gracias, gracias... —dice el taxista.

Pasan dos o tres personas más, hasta que le toca el turno al otro Joaquín.

—¿Tu nombre?

—Joaquín González.

—El sacerdote...

—Sí.

—Muy bien, hijo mío. Te has ganado el paraíso. Te corresponde esta bata de lino y esta vara de roble con incrustaciones de granito.

El sacerdote dice:

—Perdón, no es por desmerecer, pero... debe haber un error. ¡Yo soy Joaquín González, el sacerdote!

—Sí, hijo mío, te has ganado el paraíso. Te corresponde la bata de lino...

—¡No, no puede ser! Yo conozco al otro Joaquín González; vivía en mi pueblo, ¡era un desastre como taxista! Se subía a las veredas, chocaba todos los días, una vez se estrelló contra una casa, manejaba muy mal, tiraba los postes de alumbrado, se llevaba todo por delante... Y yo me pasé los noventa y cinco años de mi vida predicando todos los domingos en la parroquia. ¿Cómo puede ser que a él le den la túnica con hilos de oro y platino, y a mí esto? ¡Debe haber un error!

—No, no es ningún error —dice San Pedro—. Lo que pasa es que aquí, en el cielo, nosotros nos manejamos por resultados.

—¿Cómo? No entiendo...

—Mira, te voy a explicar. Durante los últimos veinticinco años, cada vez que tú predicabas, la gente dormía; y cada vez que él manejaba, la gente rezaba. ¿Entiendes ahora?

(RISAS Y APLAUSOS)

MAR DEL PLATA

PARTICIPANTES

Juan Carlos Salerni

María Laura Bonavera

Eduardo D'Amato

Osvaldo F.

Lilian Simón

Nilda L. Di Césare

Luisa

María Elena Jáuregui

Gabriel

Felipe

Luis Pérez

José María Onaine

Elízabeth Nichelman

Gloria Lamas

Verónica Nicoli

[

1
LAS CRISIS PERSONALES

J. B.: Bienvenidos. Esta noche hay tres temas que ocuparán nuestro encuentro. Para abrir la charla con una frase que los integre, digamos que...

Dada la **crisis** que estamos viviendo a nuestro alrededor, nos sorprende amorosamente encontrarnos con 1.200 personas que deciden dedicar unas horas de sus vacaciones a compartir con nosotros el parto de este libro en vivo. Obviamente, lejos de nuestros cálculos más optimistas, les agradadecemos por conjurar nuestra imaginada **soledad** y les aseguramos que haremos lo posible para no terminar sintiéndonos **culpables** de haberles arruinado una noche de verano en esta espectacular ciudad de Mar del Plata.

M. A.: La expresión "crisis personales" puede formularse de otro modo: "Las crisis que tenemos las personas". Vivimos en crisis; quizá no todos los días ni todas las horas, pero con más frecuencia de la que imaginamos. Los seres humanos pasamos de una crisis a otra. En muchos casos se trata de una crisis grave; en otros, de crisis no tan importantes. Para empezar, el nacimiento es una enorme crisis; imagínense que en ese momento se decide nuestra posibilidad de vivir o dejar de hacerlo; se pasa del apacible paraíso materno, el útero, a este universo conflictivo y bullicioso. Hubo quienes, como Otto Rank, consideraron que el trauma del nacimiento es el trauma modelo, la matriz espiritual que cargamos para siempre, y que cada vez que experimentamos un nuevo trauma, consciente o inconscientemente reactivamos aquel dramático momento. Otra crisis se produce con el destete;

otra, cuando empezamos a caminar; otra, al ingresar en la escuela primaria; otra, en la secundaria, en la universidad... Piensen lo que significa recibirse y encontrarse con que no hay trabajo. Figurémonos también la crisis que desencadena buscar trabajo y no encontrarlo, o perderlo; la crisis que implica casarse, divorciarse, enviudar. En otras palabras, vivimos una sucesión de crisis personales en las que podemos crecer o derrumbarnos. Existen crisis que hasta pueden matar. Pero si logramos salir adelante estamos mejor pertrechados; la piel se nos puso más dura, el corazón más vigoroso.

Algunas crisis se vinculan con las decisiones. Les voy a contar dos crisis profundas que tuve personalmente en el campo profesional: se trata de dos renunciamientos.

Desde la adolescencia, yo creía que mi vocación era la música. Así que me dediqué a ella con intensidad, muchas horas, todos los días, hasta convertirme en concertista de piano. También quería ser compositor. Esto ocurrió a lo largo de unos quince años. Cuando viajé a Francia para realizar mi posgrado de médico, soñaba continuar allí mi perfeccionamiento musical; al extremo de que encontré a Bruno Gelber, que entonces era un pianista muy joven y desconocido, y alquilamos juntos un piano. Vivíamos en la ciudad universitaria de París. Mientras él practicaba en el instrumento las primeras ocho horas del día, yo iba al hospital; y cuando regresaba, agotado, me daba cuenta de que las dos carreras eran incompatibles. Entonces tuve que elegir, y para ello debí renunciar —ya que toda elección significa un renunciamiento— a la carrera musical después de haberle dedicado quince años con enorme ilusión. Durante mucho tiempo viví esa renuncia con dolor y pena, pero sabía que era lo correcto. Por otra parte, continuaba avanzando secretamente en la tarea literaria, sin advertir la importancia que luego iba a cobrar en mi vida. Escribía pensando que sólo era una satisfacción; me consideraba un escritor potencial, mi oficio no trascendía.

El segundo renunciamiento se refiere a la neurocirugía. Como algunos saben, ésa fue mi primera especialidad médica. La desarrollé con pasión, también, durante quince años; viví en Francia y en Alemania perfeccionándome, la tomé muy en serio. Publiqué cuarenta trabajos científicos de temas neuroquirúrgicos, no sólo en revistas argentinas sino también en revistas europeas. Y al cabo de quince años llegué a la conclusión de que esa especialidad no armonizaba con mis intereses humanísticos; advertí que yo estaba escindido, que me había vuelto un esquizofrénico. Permanecía encerrado durante horas en el quirófano, operando; ¿qué tenía eso que ver con las reflexiones y los pensamientos que ya me acuciaban al ver los problemas del ser humano? Entonces me dije que no podía continuar de esa forma. A los cuarenta años decidí dar el salto y renunciar a la neurocirugía; elegí el camino del psicoanálisis y la psiquiatría; hice una elección y, por lo tanto, una renuncia. Créanme que durante largo tiempo no podía volver a un quirófano sin sentir una nostalgia que me hacía temblar las rodillas.

En síntesis, fueron dos severas crisis, conscientes, afrontadas por propia voluntad. Recordemos: elegir implica renunciar. Somos libres. Coincido con Jean-Paul Sartre —un filósofo actualmente reivindicado en algunos aspectos— en que el ser humano es libre de elegir. Elegimos todo el tiempo, incluso cuando aceptamos ser sometidos, oprimidos, esclavos o fracasados.

J. B.: Ante todo, Marcos, te agradezco que nos hayas contado tu propio proceso, porque nos ayuda a pensarnos.

La palabra "crisis" deriva del vocablo griego *criptos*, en el que también se origina la palabra "crítica". Estos términos están relacionados con nuestra idea de "decisión". Tal como decía Marcos, cada momento en que hay que tomar una decisión implica la vivencia de una crisis, porque una crisis es precisamente un momento en el cual hay que tomar una decisión. Algunos definen la crisis como ese instante en que no sabemos si avanzar o retroceder, si lo mejor está hacia delante o hacia atrás. En tiempos como los que corren, sería interesante diferenciar la crisis del problema, porque son dos cosas diferentes. Una crisis no es un problema que dura hasta que se resuelve; la crisis dura hasta que uno toma la decisión, y en todo caso sólo ahí empieza el problema. Cuando uno no tomó la decisión, todavía no tiene el problema; está en medio de la crisis. Esto es así para las personas, las parejas, los grupos, los países...

Juan Carlos Salerni (38 años, de Capital Federal): Usted, Bucay, dijo que el problema empieza después que se toma una decisión. Si me permite discrepar, le diré que para mí es al revés. Pienso que después de la decisión viene lo mejor, el éxtasis, el desafío, el privilegio de demostrar, con el obrar diario, que tomamos la decisión adecuada. La instancia posterior a la decisión dista mucho de ser un problema; es una motivación, un hacer que genera más motivación, un efecto multiplicador. Aun cuando después podamos asimilar que la decisión fue errada, haberla defendido es ya un éxito. Por eso no creo que sea nunca un problema.

J. B.: Agradezco tu participación, pero no hay discrepancia. Coincido absolutamente con lo que dijiste y no creo haber dicho lo contrario; es más, creo que es exactamente como lo aclarás: no importa mucho el éxito final; lo que importa es la toma de la decisión en sí misma. Plantearse el "problema" no quiere decir que no tenga solución o que sea doloroso. Cuando digo "problema" hablo de un planteo que exige una solución, y éste es el desafío del que hablás. Lo que intentaba mostrar —y con tu intervención me ayudás mucho a hacerlo— es que, mientras uno no toma la decisión de enfrentar, ni siquiera hay problema. No se puede llegar al éxtasis porque éste implica meterse en el problema.

M. A.: Este intercambio de opiniones es correcto; suele haber confusión en el manejo de las palabras. Apresuradamente se supone que tener problemas es estar en una situación inconveniente. Pero resulta que tenemos problemas de continuo, siempre estamos decidiendo cosas. Cuando vamos a comprar una camisa, tenemos el problema de decidir cuál. Una sociedad progresa no porque deje de tener problemas, sino porque asciende de problemas elementales a otros de mayor complejidad. La Argentina, por ejemplo, enfrenta en la actualidad el conflicto del crecimiento, el desempleo, la corrupción, conflictos graves pero de baja complejidad. Progresaremos en la medida en que los resolvamos y ascendamos a otros, vinculados con una sociedad más democrática y madura.

J. B.: Las crisis prolongadas suceden cuando alguien no puede hacer lo que Marcos sí hizo en su vida: transformar el devenir en una posibilidad diferente. Por supuesto, esta decisión significaba para él un problema: dejar de lado el éxito, el reconocimiento, por algo que no aseguraba aún una valoración similar. Marcos no deja la neurocirugía porque le va mal ni porque le va mejor haciendo otra cosa, sino porque toma una decisión basado en su deseo. Y donde él siente que tiene que tomar una decisión, cambia una situación de crisis por una situación de problema: desarrollar la nueva tarea.

Parte del sentido de estos encuentros es mostrar nuestros desacuerdos, y aprovecho esta oportunidad para exponer uno. Se trata de las ideas que giran en torno al nacimiento. No porque yo crea que el nacimiento no implica una crisis; claro que lo es. El desacuerdo radica en el concepto de salida de un mundo maravilloso, el vientre de nuestra madre, para venir, según la idea clásica, a un mundo odioso, donde hay que tomarse el trabajo de respirar, de alimentarse, de regular la temperatura y demás cosas que en la panza no había que hacer. Yo no creo que el bebé nazca dejando el bienestar interno expulsado de la panza de la mamá. Pongo el acento —y me parece muy simbólico para el inicio de nuestra vida— en que ese lugar paradisíaco, en realidad, hace muchas semanas que le queda chico y ha dejado de ser un paraíso. Recordemos que el bebé nace porque, si no naciera, literalmente se moriría. Si no abandonara ese lugar, si no se metiera en problemas, si literalmente no pudiera tomar la decisión de nacer, se moriría. Las crisis tienen de terrible esta vivencia de que, si no se toma una decisión, la existencia se ve amenazada. ¡Cuánto error cometemos cuando por evitar el problema no tomamos la decisión! Nos quedamos anclados en la crisis como dentro de un útero que alguna vez fue maravilloso, creyendo que aquella maravilla continúa, sin darnos cuenta de que el tiempo ha cambiado, que ya no somos los que éramos y que aquel paraíso está empezando a transformarse en un infierno. Si no soy capaz de transformar este momento con una decisión, si no soy capaz de meterme en problemas, entonces voy a anclarme en la crisis y correr el riesgo de desaparecer para siempre. Esta decisión es la que toman los hombres valientes, que pueden, por ejemplo, dejar un lugar de prestigio. Marcos era un neurocirujano reconocido, buscado y deseado como tal. Marcos era en la neurocirugía un referente tan valioso como lo es hoy en el pensamiento y en la literatura. No sé cómo hubiera sido en la música... Tu actitud, Marcos, habla del coraje que tienen aquellos que enfrentan la crisis sabiendo que ya no hay comodidad para quedarse. Y habla de las crisis de cada uno de ustedes. Todos tenemos momentos en que debemos tomar una decisión. El que no toma decisiones posiblemente no tenga problemas, pero, quizá, tampoco tenga vida...

M. A.: Ya que trataste el trauma del nacimiento e hiciste referencia a lo que yo había dicho, quiero precisar que fue una teoría de Otto Rank a la que se opuso Freud. Freud aceptaba que el nacimiento implicaba un trauma importante, inaugural, que seguramente dejaba huellas en la memoria inconsciente, pero para él no era lo único a lo que debía apuntar una terapia que deseara llegar a la raíz de los conflictos, como pretendía Rank. Acabás de señalar que al niño le resulta chico el útero, y que si no sale se muere. Ésa es la crisis. Pensemos en un trabajo al que, por determinadas razones, advertimos que no deberíamos ir más, pero en el cual aun así nos sentimos cómodos, porque conocemos la rutina, estamos familiarizados con los jefes y los colegas, nos resulta fácil llegar... En ese momento entramos en crisis, porque debemos decidir si nos quedamos o nos vamos. En su crisis, el feto tiene que pasar a un estado más complejo, amenazador; sufre dolores y cambios.

Ahora bien, ¿cómo afrontar una crisis personal? En primer término, no debemos asustarnos, porque es un estado normal. Vivimos con crisis, como dije al principio; si no hubiera crisis, nuestra vida sería monótona; no habría crecimiento. Las crisis nos informan que somos protagonistas de una aventura, y esto da belleza a la vida. ¿Recuerdan ese maravilloso título de Neruda, *Confieso que he vivido*? ¿Qué significa? Que ha vivido con tormentas, con problemas, con alegrías y también con dolores.

María Laura Bonavera: Según dijeron, la crisis se da en un proceso de cambio. ¿Creen ustedes que cuanta más resistencia opongamos al cambio, más profunda se puede hacer la crisis?

J. B.: Los chinos no escriben con letras sino con ideogramas. La palabra china para "casa" es una figura que representa a un hombre y un techito que representa protección; así se forma el ideograma. La palabra china para "crisis" consiste en dos ideogramas dispuestos uno sobre otro. El de arriba, aislado, quiere decir "oportunidad"; el de abajo, también aislado, quiere decir "peligro". Juntos significan "crisis". Si bien es indudable que siempre hay un cambio involucrado en una crisis, cada vez que tomamos una decisión establecemos un cambio y por lo tanto nos enfrentamos con una oportunidad y también con un peligro. El cambio en una crisis se desata, sobre todo, porque se modifican las pautas con las cuales se evaluaba hasta allí la situación que ha cambiado. Esta situación de incertidumbre es la que induce en nuestro tiempo a los expertos a que definan la crisis como "un momento de cambio de paradigmas".

María Laura Bonavera: ¿Y si no tenemos claridad sobre la decisión que debemos tomar?

M. A.: Podemos despertar en ese momento, ver caminos que antes no advertíamos. Al madurar, al distinguir esos nuevos caminos, entramos en crisis. Porque se nos presenta la oportunidad de tomar un rumbo en el cual no habíamos pensado.

María Laura Bonavera: También es cómodo no cambiar...

J. B.: Una de las reacciones habituales ante quien no toma una decisión es acusarlo de cómodo. Hay que tener cuidado con esto. Por ejemplo, esta silla es incómoda; lo noté apenas me senté. Pero si me acomodara mejor seguramente podría estar el resto de la charla en esta posición. Sin embargo, si quisiera estar cómodo, tendría que tomarme la incomodidad de pararme y buscar otra silla. Acomodado como estoy, para pasar a la comodidad, tengo que transitar una mayor incomodidad. Éste es el punto. Lo importante es diferenciar, darme cuenta de que no estaba "cómodo"; estaba "acomodado", que no es lo mismo.

Hay gente que vive diciendo: "¡Claro, vos dependés de mí porque estás muy cómodo!" o "¡Vos no te vas porque estás muy cómodo viviendo con tus padres!". Y yo digo: hay que dudar; yo no sé si está "cómodo" o se ha "acomodado" a esa situación. Para pasar a la comodidad hay que transitar la mayor incomodidad; ésta es la crisis, la decisión que hace falta tomar. Mientras uno no tome la decisión, seguirá acomodado o, dicho de otra manera, aunque se haya acomodado a la crisis, seguirá en crisis.

Eduardo D'Amato: Hay un tema ineludible: la duda. La vocación nace con uno, es cierto, pero... ¿acaso no se duda en las instancias de cambio? ¿Qué ocurre en los casos en que la presencia de la duda acosa al ser humano?

J. B.: La duda nunca acosa, a menos que venga acompañada de la autoexigencia.

Osvaldo F.: Buenas noches. Tengo 70 años y soy hijo de italianos, producido en Europa, desembarcado en la Argentina. Mis padres eran campesinos italianos que tuvieron la fortuna de no hacerme dar cuenta de que éramos pobres. En casa, mi santa madre generaba todo lo que se consumía, y me dio, cuando yo sólo tenía cuatro años, un ejemplo: "Trabajá la tierra, que la tierra trabaja para vos". ¿Por qué digo esto? Yo estuve en Francia en la época del existencialismo, era ferviente leedor *(sic)* de Jean-Paul Sartre. Refiriéndose a los políticos, Jean-Paul Sartre dijo que eran carboneros, porque no podían tener las manos limpias, debido a la calidad de la mercadería que manejaban. Su esposa, Simone de Beauvoir, escribió un libro estremecedor, *La vejez*. Cometí la imprudencia y la estupidez de regalárselo a un cuñado mío que en esa época andaba cercano a los 40 años. Simone de Beauvoir, que estaba muy enamorada de Jean-Paul, un excelente amador, describe la vejez como la pérdida gradual de las intelectualidades del hombre. En una parte del libro, ella dice que preferiría morir a ver disminuidos los valores amatorios de su amado Jean-Paul...

J. B.: *(Interrumpe)* ¿Por qué asocia usted esto con el tema de la crisis?

Osvaldo F.: Por una razón muy simple. La crisis de la vejez es la más desesperanzadora de las crisis. Se promovió una cultura de castas en la República Argentina. El peronismo es brutal como oposición; el sindicalismo es salvaje. El diario *Clarín* está editando en fascículos semanales las historias de la primera presidencia de Perón; y el último, que salió hoy, trata de la caída de Frondizi en 1962. ¿Sabe quién fue el primer ministro de Economía que sucedió al excelente ministro de Economía de Frondizi, que era Rogelio Frigerio? Álvaro Alsogaray.

M. A.: No entiendo la relación de esto con las crisis personales.

Osvaldo F.: Es muy simple. Fue la primera vez que en el país se instauró: "Hay que pasar el invierno".

J. B.: Bueno, voy a interrumpirlo, aun a riesgo de ser acusado de totalitario, salvo que usted pueda redondear en una frase lo que quiere decir, para dar lugar a los demás...

Osvaldo F.: Sí, para terminar.

J. B.: Por favor...

Osvaldo F.: ¿Qué quiero decir? Que ahí comenzó la debacle de la economía argentina. Cuando se va Frigerio del Ministerio de Economía...

M. A.: (*Murmura*) Frigerio no fue ministro de Economía...

J. B.: Una vez más le voy a pedir disculpas, señor, con todo respeto. (APLAUSOS). Gracias. Yo no soy un buen lector de Simone de Beauvoir; de todas maneras, incidentalmente, sí leí *La vejez*. Cuando Simone de Beauvoir habla de la vejez, no se refiere al envejecimiento, sino a algo bien distinto: la decrepitud. No caigamos en la tontería de pensar que crecer, que cumplir años, es siempre la llegada de una crisis. Por supuesto que esto implica toma de decisiones que llevan a enfrentarse con problemas que antes no se tenían, a enfrentarse con los cambios que significa una edad diferente. Una edad en la que muchas veces no funciona todo adecuadamente, ni siquiera la claridad de pensamiento... y esto no es personal, señor.

(APLAUSOS).

Dos viejitos están escuchando por radio a un pastor mediático...
—Y, hoy tenemos, hermanos, un fenómeno maravilloso... por-

que hoy siento que Dios está aquí haciendo milagros y sanando... y vamos a usar la fe para curar a los enfermos, para quitar los dolores, para que todo aquel que tiene un padecimiento de locura lo sane... y con la fe de todos vamos a hacerlo posible. Así que yo les pido a ustedes... con la fe... que agarren este receptor de radio y lo coloquen sobre la parte enferma de su cuerpo... sobre el lugar enfermo y dolorido, y la fe del Señor va a producir el milagro y la curación...

El viejito, que está escuchando atentamente, agarra la radio y se la pone sobre la bragueta. Entonces la mujer le dice:

—¡*Por qué no te la ponés en el oído, sordo! Dijo curar a los enfermos, no resucitar a los muertos...*

(RISAS)

Lilian Simón (marplatense): Bueno, ahora me perdí...

J. B.: Te voy a contar: estás en la segunda fila, tercer asiento... (RISAS). No hay nada como ubicar a la gente...

Lilian Simón: Muchas gracias. Si bien el crecimiento es vida (si no hay peligro no hay crecimiento), necesitamos basarnos en el desapego, ir desapegándonos de nuestra juventud, de nuestros éxitos... Podemos hacer esto fortaleciendo el espíritu, pero ¿basándonos en qué? Estamos apegados. Cuando se corre el velo, hay dolor. En el momento del desapego, la crisis, la decisión... ¿en qué o de qué nos podemos autosostener?

M. A.: Ciertas palabras contienen poder hipnótico, están cargadas de valor. Al decir "desapegado" o "desarraigado" se asocia con el carácter negativo, la descalificación. Si decimos "independiente", que tiene alas, que vuela, nos parece positivo. Pero sólo es posible tener alas y lograr independencia al desprenderse de ciertas cosas. Si el niño no pudiera desprenderse del útero materno, si no pudiera dejar la casa de los padres, no podría crecer. Sin embargo, eso no significa desarraigarse y perder lo que se ha tenido antes. El psiquismo humano es acumulador. Puede que lo olvidemos, que lo marginemos, que lo reprimamos, pero todo lo que hemos vivido queda en nosotros. Cuando avanzamos en edad comenzamos a recuperar experiencias de los primeros años de vida. Vivimos en esa fluctuación entre el arraigo y el desarraigo. El que alimenta mucho apego, el que hace simbiosis, tiene un destino más pobre, no puede crecer. Por otro lado, alguien que no experimenta ninguna clase de apego se vuelve autista, una persona sin satisfacciones. El ser humano necesita del otro, pero al mismo tiempo necesita de cierta separación. A propósito de esto, es bueno recordar el ejemplo del filósofo Schopenhauer, un hombre hosco, según cuentan, pero gran observador. Describió la paradoja de los puercoespines, que cuando tienen frío se acercan para calentarse, pero si se aproximan demasiado se hieren recíprocamente con sus púas. De modo que se acercan y alejan hasta encontrar una distancia adecuada que les permita sentir algo de calor, sin pincharse como para sufrir. A los seres humanos nos sucede lo mismo. Necesitamos apego hasta cierto límite: nunca dejar de tenerlo; nunca quedar esclavizados por él.

J. B.: Lo cual, dicho sea de paso, nos lleva derechito al segundo tema de hoy: "La soledad".

J. B.: Para comenzar, me gustaría compartir con ustedes algo que dice Humberto Maturana, un pensador chileno, biólogo, filósofo, poeta, antropólogo, un ser brillante que habla mucho sobre las relaciones entre las personas. Él dice que lo que hace a un ser humano verdaderamente un hombre, lo que ha transformado a aquel hombre de Neanderthal en el *Homo sapiens*, no es el desarrollo de su intelectualidad. Maturana dice que no hay un desarrollo diferente en masa cerebral entre el hombre primitivo y el que vino después, pero lo que sí hay es un cambio fisonómico en su cara, en su disposición; un cambio motivado por la adquisición de una característica peculiar del hombre: el lenguaje. Para él, lo que ha hecho del hombre un hombre es el lenguaje. Luego da un paso más, y dice que el lenguaje surgió para una sola cosa: la comunicación con el otro. ¿Y comunicarse para qué?, se pregunta. Hay una sola razón, concluye: el amor. Entonces afirma: "Lo que le da humanidad al ser humano no es la inteligencia, no es la sapiencia, no es el conocimiento, es el amor".

¿Cómo no temerle a la soledad? Quizá, si nos priváramos del amor, del encuentro amoroso con los otros, se cancelaría la humanidad.

Hace mucho que los terapeutas sabemos que el concepto del Yo no existe sin el concepto del No-Yo. Es impracticable. Que haya otro, que no soy yo, con quien vincularme. Yo *soy* en la medida en que estás, que existís, que sé de tu presencia. No existe el Yo sin el Tú. Desde Martin Buber y, más atrás, Rousseau, y más atrás todavía, Platón, convivimos con esta idea: ¿cómo *ser yo* sin alguien que me reconozca?

M. A.: Existe una soledad buscada, relacionada con la introspección, la visita de nuestro mundo interno, pensar, disfrutar, escuchar música, leer. Hay momentos en los que necesitamos estar solos. Quizá venga de la filogenia: así como un perrito herido se va a un rincón, cuando nos sentimos heridos los seres humanos nos vamos a la cama, nos aislamos. La soledad buscada, que es reconstituyente y buena, determina, por ejemplo, que mucha gente se retire a lugares de silencio y se halle con buen ánimo en un ambiente reflexivo. Sin embargo, hay personas que no pueden acceder a estos momentos, que necesitan estar en permanente contacto con el ruido. Recuerdo el libro *Una soledad demasiado ruidosa*, del gran escritor checoslovaco Bohumil Hrabal. La soledad ruidosa es la que alguien busca para embotarse ante la dificultad de encontrarse consigo mismo.

J. B.: A mí me gusta decir que hay un "estar" solo y un "sentirse" solo. En el primer concepto hay elección; en el segundo no.

Nilda L. Di Césare: ¿Qué pasa cuando alguien experimenta por momentos una absoluta soledad después de haber alcanzado la "autodependencia"?

J. B.: Te recuerdo que "autodependencia" no es autoabastecerse. Por supuesto que los autodependientes pueden sentirse solos, pero jamás buscarán un cuello del que colgarse para escapar.

Para quitar un poco de solemnidad al asunto, voy a contarles un pequeño cuento:

Una viejita ha sido agarrada por un leñador, desvestida brutalmente y violada. Mientras llora a un costado del camino, le dice:

—¡Qué voy a hacer ahora! ¡Con qué cara voy a ir a mi casa, enfrentar a mis nietos, contarles que he sido violada varias veces seguidas!

Entonces el leñador, acomodándose la ropa, le contesta:

—¿Cómo varias veces, si fue una vez sola?

Y la viejita le dice:

—*¿Cómo? ¿Ya te vas?*

(RISAS)

Luisa (43 años, escultora): La vida familiar, Marcos, esa que nos da la cercanía con los seres que amamos, que nos permite sentirnos reconocidos, ¿no atenta contra la soledad reconstituyente y buena a la que usted hizo referencia?

M. A.: El bienestar fundamental se vincula con sentir que uno ama y es amado, que tiene lazos de amor, en el sentido más amplio de la palabra, y con la mayor cantidad de gente y de actividades. Amar nuestra familia, nuestro trabajo, nuestro país, nuestra ciudad, nuestro barrio, nuestra casa; hasta hay minúsculos objetos que amamos. Ese amor nos hace sentir acompañados. Pero, por otro lado, también es bueno tener la capacidad de disfrutar de los momentos en que estamos solos, en que podemos explorar nuestra vida interna. Se trata de un doble bienestar.

María Elena Jáuregui (marplatense, fonoaudióloga): Quizá lo que diga sea triste, pero viene al tema. Soy madre, tuve con mi marido siete hijos. Desgraciadamente, perdimos uno, hace casi dos años. Cuando los escuchaba, pensé esto: ¿Lo perdí? ¿O se perdió él? ¿O lo perdimos todos? Él estaba enfermo, tenía diabetes, no podía cuidarse mucho. Y, por supuesto, sentí culpa. Tuve culpa de madre: no lo cuidé, se juntaron mecanismos omnipotentes. No puedo todo, no pude cuidarlo. Realmente fue su decisión; también el tema de la responsabilidad, de todos, de él. Además quisiera decir algo que me enseñaron, aunque no sé si estarán de acuerdo ustedes: que el dolor está más relacionado con lo biológico, y el sufrimiento, con lo emocional. A mí, lo que más me ayuda a seguir viviendo son los almohadones humanos.

J. B.: Yo te voy a decir solamente una cosa, desde el corazón. Creo que te ha pasado lo peor que le puede pasar a una persona, por lo menos siendo nosotros quienes somos, latinos, viviendo como vivimos... No hay nada peor en la vida... ni siquiera la propia muerte.

Te pido disculpas por decirte esto, pero no lo puedo evitar: No te acuses de no ser Dios omnipotente. La muerte quizá sea una historia que no tenga que ver con lo que vos hubieses podido hacer; en todo caso, tiene que ver con lo que te hubiera gustado. Pero no hay culpa donde pararse ahí. Solamente el dolor; con él es suficiente... Lo lamento. Te dejo mi corazón.

M. A.: Cuando se va un ser querido nos encontramos ante una situación muy traumática, extraordinariamente aflictiva. Ha dicho muy bien: hay un "sufrimiento" psíquico, que es algo mayor que un "dolor" psíquico. Se suele acusar al que se murió de habernos abandonado, habernos dejado solos. Por cierto, sabemos que éste es un pensamiento absurdo. Es una frase que pronunciamos para disfrazar que nos cuesta seguir viviendo con tamaña ausencia. Pero se trata de un sufrimiento correcto, que nos lleva a hacer el duelo por esa muerte. Somos nosotros los que tenemos que rendir honor al que se fue diciéndole: "Tu muerte no ha causado tanta pena". Los que seguimos vivos debemos esforzarnos para estar lo mejor posible en homenaje a los que se fueron, para que ellos no se sientan mal si desde algún lado pueden vernos.

María Elena Jáuregui: Pero en serio... Cuando el señor ese dijo que la peor crisis era la vejez, yo pensé al revés: "Ojalá pueda llegar a vieja"...

(APLAUSOS)

3
LA CULPA

J. B.: Casi sin quererlo llegamos al tema de la culpa.

M. A.: ¿Qué sería de los psicólogos y psiquiatras si no existiera la culpa? ¡Se morirían de hambre!

(RISAS)

Luisa: Con enfoques muy diferentes, el tema de la culpa se aborda específicamente en dos libros de ustedes: *Elogio de la culpa*[9] y *De la autoestima al egoísmo*[10].

M. A.: Es verdad. Tenemos posiciones distantes, quizá porque partimos de esquemas referenciales diferentes. Sin embargo, creo que vamos a terminar acercándonos escandalosamente. Como usted ha señalado, ambos hemos escrito libros referidos a la culpa. En *Elogio de la culpa* yo hago un análisis poliédrico del tema, enfocándolo desde el punto de vista jurídico, psicológico, teológico, antropológico, histórico... La culpa, por lo menos en la civilización occidental, ha tenido y tiene una presencia muy fuerte; y, como señalo en el libro, genera una gran cantidad de patologías. Por eso los consultorios terapéuticos deben tratar la culpa. Ahora bien, yo escribí ese libro en 1992, el año en que estalló la guerra en Yugoslavia con un nuevo genocidio en las narices de los países más civilizados del mundo, una guerra protagonizada por habitantes de un país que hasta hacía poco

---

[9] Marcos Aguinis, *El elogio de la culpa*, Buenos Aires, Planeta, 1993.

[10] Jorge Bucay, *De la autoestima al egoísmo*, Buenos Aires, Del Nuevo Extremo, 1999.

habían bailado juntos en los mismos casamientos. Se despeda-
zaban, humillaban a las mujeres y destrozaban los cráneos de los
bebés arrojándolos contra los muros. Era inconcebible. En ese
año tan especial, cuando se celebraban los 500 años del descubrimiento de América, el nazismo se mostraba ya no como un
atenuado neonazismo, sino como nazismo a secas. Aparecían
nazis otra vez por todo el mundo, como si no hubiese sido una
peste. Entonces, angustiado, me pregunté: ¿qué pasa con el viejo
mecanismo de la culpa? ¿No se siente culpa después de todo lo
que se hizo? Algo está fallando... No podemos creer que los habitantes de Yugoslavia son innatamente asesinos; ¡era un pueblo
como cualquier otro! Y de pronto, zapateros, carpinteros, comer-
ciantes, tenderos se convirtieron en genocidas. Marchaban con
ametralladoras asesinando a mansalva. ¿Cómo era posible que
eso ocurriese? Me puse a analizar el tema de la culpa, que desde
la antropología se señala como el mecanismo que evitó la desaparición del género humano en la remota prehistoria.

Gabriel (estudiante de psicología, 23 años): ¿Esa idea es la
que luego toma el psicoanálisis?

M. A.: En efecto; y, como todos los mitos, debe de tener un
germen de verdad, aunque no sea exactamente toda la verdad.
Parece que la humanidad, en tiempos muy remotos, no sólo
tenía dificultad para sobrevivir debido a su fragilidad (los seres
humanos nacemos antes de tiempo, porque permanecemos nueve meses en el útero materno pero luego debemos depender,
durante un lapso equivalente, de alguien que nos abrigue y
alimente, ya que de lo contrario moriríamos indefectiblemente);
además, carecemos de colmillos, garras o venenos para defendernos. Entonces, ¿cómo pudimos sobrevivir?

Igual que los leones o los caballos, los humanos constituyeron
pequeños grupos. El jefe era el macho más viejo y más poderoso,
cuyo celo impedía la promiscuidad sexual. Era el dueño de todas
las hembras que defendía ferozmente de los competidores, como
se observa en otros mamíferos. Cuando su cría maduraba y quería aprovechar la distracción del jefe, era castigada con la muerte
o la expulsión. El rapto de las Sabinas es el hermoso mito que

condensa esos remotos tiempos durante los cuales los machos jóvenes debían merodear los alrededores para proveerse de mujeres que pertenecían a otras hordas. Quedaron impuestas, entonces, dos leyes de trascendencia enorme: la prohibición del incesto y la obligación de la exogamia. Pero aún no estaban consolidadas, porque bastaba que el jefe se debilitase para que hubiera transgresión. Y ahí intervino la culpa. Su aparición fue horrorosa. Les cuento.

Hace poco más de un siglo Robertson Smith descifró el llamado "banquete totémico", que es la más antigua ceremonia comunitaria. Era una fiesta privativa de los miembros de un mismo linaje, que celebraba la instauración simultánea del tótem y el sentimiento de culpa. El viejo jefe de cada horda era el ogro, era Cronos devorando a sus hijos. Entonces estos hijos se sublevaron y, unidos, lo mataron y devoraron. Comerlo significaba incorporar su fuerza. Así se abrió el camino para hacer lo que él había prohibido. Pero las cosas se complicaron, porque empezaron rivalidades internas y se puso en marcha un fratricidio que exterminaría a todos. Cuando la amenaza de extinción llegó a un punto crítico, entonces reapareció la espectral figura del padre muerto. La culpa por haberlo asesinado y devorado determinó que se decidiese acatar su voluntad, más severa que cuando vivía entre ellos. El banquete totémico recuerda el crimen primordial, pero elevado al rango de acontecimiento que hace referencia al acuerdo de acatar una ley y sentirse hermanados por lazos comunes.

Se consolidó la ley del incesto y se puso límites al fratricidio. Muchos siglos después, cuando crecieron las civilizaciones, fue lanzado el quinto Mandamiento, que ya no sólo prohíbe matar al hermano de una horda, sino a cualquier otro hombre o mujer. Esta evolución larga, lenta, se despliega a partir de aquel tan lejano y hermoso hecho fundacional. La culpa por matar al padre primitivo se convirtió en el mecanismo mental que frena la tendencia a seguir matando, por intensas que sean las razones del deseo.

Felipe (marplatense): Perdón, Marcos. ¿Cómo se analiza la culpa desde el punto de vista religioso?

M. A.: La culpa, muy fuertemente arraigada en el mundo occidental, tuvo dos formulaciones religiosas importantes. Una, en el antiguo Israel, cuando los profetas explican los grandes males colectivos —epidemias, guerras, etcétera— no como arbitrarios, imposibles de controlar, sino como el castigo de Dios a las desviaciones morales de la sociedad. Era una forma de conseguir que la humanidad se encaminase por un sendero ético. No olvidemos que el Dios de Israel no es solamente un Dios monoteísta, como podría haber sido el Dios de Akhenatón en el antiguo Egipto; era un Dios moral, que no permitía que se asesinara a los seres humanos. Esto se relaciona con el sentimiento de culpa, pues la formulación de los profetas insistía en que los males no vienen porque sí, sino porque se ha obrado en contra de los códigos éticos. La segunda formulación es la del cristianismo, que avanza un paso más. Quienes son católicos saben que en la noche que va del sábado al domingo de Pascua se pronuncia la siguiente frase: "Bendito el pecado que nos permitió tener un redentor como Cristo". Según la teología cristiana, debido al pecado original, que produjo la caída, se establece una enemistad del ser humano con Dios. Este conflicto requiere un redentor que muera por propia voluntad para lavar el pecado. Este punto es cardinal en el cuerpo teológico del cristianismo. En el judaísmo, en cambio, no es el pecado original el que tiene gravitación, sino el que comete cada persona.

Por último, volviendo al plano psicológico, si bien la culpa es algo siempre presente, a menudo ha sido exagerada al extremo de incorporarla en situaciones en que no había una necesidad real de hacerlo. El fenómeno se vuelve más complejo porque hay una culpa consciente y una culpa inconsciente. La culpa consciente es reconocida como remordimiento, y se tiene clara noticia de su existencia. La culpa inconsciente, en cambio, es la que desconocemos. ¿De qué forma se descubre esta última? ¿Cómo logra el detective que es todo psicoterapeuta advertir que el paciente manifiesta síntomas neuróticos porque lo afecta una culpa inconsciente? Una de las señales más comunes es la tendencia a castigarse. El paciente realiza actos que lo llevan a fracasos, dolores y golpes que podría evitar.

J. B.: Lo que sabemos hoy antropológicamente podría explicarse con todo lo que Marcos ha dicho. Pero, como siempre, las explicaciones teóricas son teóricas; como siempre, la teoría habla de la teoría y, como está construida para demostrar lo que quiere demostrar... termina demostrándolo. (RISAS). Propongo centrarnos en lo que sucede cotidianamente, en nosotros, que pocas veces tenemos ganas de matar a nuestro padre, pocos hemos matado literalmente a nuestra madre y la idea de tener sexo con ella no se nos ocurre... (RISAS) ...frecuentemente, por lo menos.

En estos términos, y sin ánimo de despreciar el planteamiento de lo inconsciente, me parece que hay un submundo donde estas cosas puedan estar pasando; pero en lo cotidiano, en el conocimiento sobre las transacciones y sobre nuestras cosas, la culpa opera siempre como una traba para seguir adelante, justificando la historia de nuestra necesidad de hacer cosas que nos dañan y, en última instancia, frenando nuestro proceso de crecimiento, profundizando nuestras crisis o incluso produciéndolas. La idea de que la culpa es la que nos frena a cometer los actos inmorales e indecentes propios de nuestra identidad como seres humanos está apoyada en un preconcepto que considero discutible: que el hombre es esencialmente malo, dañino, perverso, mezquino, ruin, cruel y asesino. El hecho concreto de comprobar que hay personas con tales características, y episodios como las guerras, las masacres y los genocidios, no alcanza para convencerme *a mí* de que el hombre es esencialmente malo. En todo caso, accedo a la idea de que el hombre se ha transformado en malo como producto de ser tratado como tal. Es decir, tratemos a alguien como si fuera un asesino y, quizá, lo transformemos en asesino. Reprimamos a alguien todo el tiempo para frenar sus instintos homicidas, y quizá consigamos generárselos. En fin, no es demostrable que el hombre sea de una manera o de otra.

Por un lado, durante siglos nuestra moral judeocristiana ha partido de la concepción de un hombre esencialmente malo y, por lo tanto, la culpa ha servido para frenarlo: hay que detectar, catequizar, determinar, moralizar... y hace falta un Dios infinitamente justo para legislar qué se puede y qué no se puede. Por otro lado, aun aceptando esta idea de los buenos y los malos, yo digo... la verdad es que, en la práctica clínica, los asesinos no sienten culpa. Entonces, ¿de qué me sirve una culpa que solamente frena a aquellos que no se les ocurre matar a nadie? Me gusta repetir esta frase: La culpa viene resultando un bozal que le entra nada más que a los perros que no muerden.

A esta "culpa responsable", como la llama Marcos, prefiero llamarla "responsabilidad". Se trata de volver al hombre más responsable, capaz de decir "lo siento" cuando hace daño; porque "lo siento" quiere decir "siento tu dolor como si fuera mío"; porque me identifico con tu dolor y no tengo la necesidad de autoacusarme por haberlo hecho, salvo que haya actuado a propósito. En ese caso, ¿de qué me serviría la culpa? La culpa funciona como un mecanismo de ficción, como una autoacusación que me hago en un momento para perdonarme un momento después, y seguir haciéndolo. Para mí, esto no construye.

En suma, la culpa, si sirve, no sirve para lo que se pretende que sirva, porque para lo que se pretende que sirva, lamentablemente no existe.

Alguien dice:
—¿Y... no te sentís culpable de lo que hiciste?
Y la respuesta de otro, que en realidad es una basura de tipo, es:
—No.
Por ejemplo, yo me siento culpable por él y le digo:
—Yo, si fuera vos, me sentiría culpable.
Y él dice:
—¿Ah, sí? Yo no.
(RISAS)

Luis Pérez (40 años, periodista): Quiero hacerte una observación, Jorge. Desde la teoría de la culpa como bozal, tal como la exponés, no se explica que las personas que no matan no lo hagan justamente porque sienten culpa. Es decir, vos mismo, cuando decís que los asesinos no sienten culpa, demostrás que los que no son asesinos no lo son justamente porque son capaces de sentir culpa. Cuando decís: "¿De qué me sirve una culpa que solamente frena a aquellos a quienes no se les ocurre matar a nadie?", yo te contestaría: no se les ocurre matar a nadie gracias a la culpa, que ya la tienen.

J. B.: Este planteo sería igual que asegurar que, como los muertos no toman más Coca-Cola, esto demuestra que hay que tomar Coca-Cola para seguir vivo. Ahora bien, entiendo el proceso y creo que explica muchas cosas, pero otras no las explica. El punto de encuentro que podemos tener sobre la culpa es el exceso. Esta culpa dañosa, perversa y neurótica que nos frena cuando vivimos acusándonos de infinitos delitos que solamente sirven para ponerle un freno a nuestra evolución, seguro que no sirve para nada.

M. A.: Vos señalaste el exceso. Hay una serie de características que demuestran cómo los extremos son igualmente letales. Por ejemplo, tener mucha hambre y no tener nada de hambre son dos situaciones igualmente peligrosas. Un excesivo dolor puede llevar a la muerte, pero no experimentar ningún dolor puede ser también peligroso, porque anula la alarma que nos informa que algo funciona mal en nuestro cuerpo. Asimismo, sentir mucha culpa lleva a las terribles patologías que conocemos por la clínica: depresión, melancolía, masoquismo moral... No tener nada de culpa produce la psicopatología que en el lenguaje común llamamos "canallada". En *Elogio de la culpa* señalo todo esto y cómo la culpa se desespera... porque habla en primera persona. Tuve que buscar un recurso literario —inspirado en Erasmo de Rotterdam— para que la culpa resultara digerible; así, la convertí en una mujer muy atractiva, que se refiere a sí misma para elogiarse, porque de lo contrario el libro habría sido imposible de leer. La culpa va relatando todas las cosas buenas que hace. Dice: "¡Caramba! Yo salvé a la humanidad de su desaparición en la remota prehistoria, y en este momento no puedo entrar en el corazón de los psicópatas. Los psicópatas no me sienten, cometen crímenes, delitos terribles. ¿Me falla la puntería? ¿Qué pasa? ¡Sienten más culpa los buenos que los malos!". Hasta que, al final, dice algo que

Jorge mencionó hace un momento: "Me di cuenta de que no ando bien, porque trabajo y trabajo y me equivoco muchísimo. Entonces decidí tener una hija, una hija que no genere patologías y que logre impedir que los seres humanos se hagan daño entre sí". Esa hija se llama Responsabilidad.

La responsabilidad es distinta según la considere el psicólogo o el jurista. Los campos del psiquismo y de la ley son contradictorios. Para el derecho, la culpa es una entidad objetiva, ligada a la responsabilidad de una persona. Sólo si el acto que se le imputa ha sido incuestionablemente voluntario, y corresponde a una persona responsable (adulto y cuerdo), hay culpa. En otras palabras, para que en el derecho haya imputación de culpa, es necesaria la previa responsabilidad de la persona en cuestión. La etimología de la palabra es elocuente: es responsable quien tiene la capacidad de responder, es decir, explicar lo que ha hecho e inclusive dar una satisfacción. En cambio no es así en la psicología, donde primero nace la culpa y luego, con su pulimento, emerge la sana responsabilidad. Quien no puede sentir culpa tiende a la perversión y la psicopatía. Y esta última, para que la entiendan quienes son ajenos a estas palabras, significa sencillamente, como dije, "canallada". Los canallas no sienten culpa, por eso hacen lo que hacen.

J. B.: Quiero aclarar que yo, que me siento muchas veces responsable de muchas cosas, no me siento culpable nunca. Así que vengo siendo como una excepción o... un canalla disfrazado de benemérito.

(RISAS)

M. A.: Dado que difícilmente Jorge vaya a analizarse conmigo, nunca sabremos si ha tenido o no el sentimiento de culpabilidad...

J. B.: No Marcos, no digo que no haya tenido, digo que ya no tengo. Y con respecto de analizarme con vos... me encantaría... después hablamos... (RISAS) Lo que importa, me parece, es pensar en estas cosas para ver cuál es el sayo que a uno le cabe. Llamen a la culpa necesaria o innecesaria... Es imprescindible hacerse responsable, esto es, responder por las acciones que uno hace.

José María Onaine (marplatense): ¿Al culposo le es más

difícil salir de la crisis? ¿Cuál es el elemento importante de la personalidad para fortalecerse ante las crisis?

J. B.: Cuando Adán y Eva generan la humanidad, el gran tema es el pecado original; y el castigo de Dios es, finalmente, por haber desobedecido. Con una claridad maravillosa, un rabino llamado Harold Kushner dice que el verdadero pecado no es la transgresión, sino la respuesta de Adán. Cuando Dios pregunta: "¿Por qué comiste del fruto prohibido?", Adán dice: "Me lo dio la mujer que vos me diste". No dice: "Es mi responsabilidad"; no dice: "Yo lo hice"; él no acepta su responsabilidad, la relega en Eva. Entonces, Dios le pregunta a Eva: "¿Por qué comiste del fruto prohibido?", y Eva responde: "La serpiente me indujo". Esta falta de responsabilidad, dice Kushner, es imperdonable. Lo imperdonable no es la transgresión; lo imperdonable es no asumir la responsabilidad de la transgresión cometida. Porque transgredir es tomar una decisión.

(A José María Onaine) Contestando a tu pregunta, es probable que un culposo, por temor a transgredir, no se anime a tomar una decisión; por eso no evoluciona, se queda acomodándose a su historia sin terminar de salir. Pero, en todo caso, quizá sea hora de pensarlo dependiendo de cómo uno se lo plantee...

Dos alumnos, discípulos de un maestro zen, estaban meditando. Uno de ellos dice:

—¡Ah, qué ganas de fumar!

—¿Estás loco? —dice el otro—. ¡El maestro nos mata!

—No... qué nos va a matar... ¡Yo tengo ganas de fumar!

Que no, que sí, que sí, que no...

—Primero preguntémosle...

—Es que nos va a decir que no...

Que no, que sí, que sí, que no... El caso es que deciden preguntarle al maestro si podían fumar.

Al día siguiente se encuentran. Uno de ellos está meditando y fumando.

—¿Qué hacés fumando, animal?

—Me dijo que sí.

—*¿Pero estás loco? ¡Yo le pregunté al maestro y él me dijo que* no!

—*¿Cómo te va a decir que no, si a mí me dijo que sí?*

—*¡Me dijo que no!*

—*¡Me dijo que sí!*

—*¡No puede ser! ¿Cómo el maestro va a decir dos respuestas diferentes?... Momentito, ¿vos qué le preguntaste?*

—*Yo le pregunté: "Maestro, ¿puedo fumar mientras medito?". Y él me dijo: "De ninguna manera".*

—*Ah, ahí está la diferencia. Yo le pregunté: "Maestro, ¿puedo meditar mientras fumo?". Y él me dijo: "Claro".*

(RISAS Y APLAUSOS)

Elizabeth Nichelman: La culpa consciente sirve para pedir perdón, para recapacitar, aunque haya hecho algo a propósito. Ahora, si la culpa es inconsciente y la descubro mediante el psicoanálisis, y encuentro un culpable o un responsable (yo perdí un hijo de 4 años), ¿de qué me sirve encontrarlo? La culpa no tiene sentido, me castigó durante muchos años, no me dejó crecer, no me permitió disfrutar de mi hija, que estaba viva, porque yo simplemente me ponía una careta con una sonrisa y salía, pero cuando me quedaba sola no podía, tenía que aturdirme.

J. B.: Seguramente hay una culpa patológica que te daña y no sirve para nada, que es un exceso inútil. Puedo no coincidir, pero creo entender a Marcos. Lo que el doctor Aguinis dice es que la culpa le ha servido a la humanidad para frenar sus instintos destructivos. No dice que sentir culpa es maravilloso, de ninguna manera.

Elizabeth Nichelman: Es patológica, sí, pero bastante difícil de eliminar. Porque, aunque la reconozca y la mire y sepa que está ahí, va a seguir estando durante mucho tiempo.

M. A.: Relatás una historia conmovedora. Preguntás para qué sirve descubrir que sentís culpa o que tuviste culpa inconsciente. Creo que te sirve para liberarte de ella. Esta culpa infundada surge a partir de un falso enlace que se produjo en tu psiquis. Nos sentimos culpables y queremos castigarnos y sufrimos por razones que no se justifican, que no son reales. Insisto en que la culpa inconsciente injustificada desencadena patologías. Desde el campo de la neurosis, por ejemplo, está latiendo en los neuróticos obsesivos, en la depresión, en el masoquismo moral. Y evidentemente hay que eliminarla, porque es patológica. Poder eliminarla depende de las técnicas que se usen en cada caso. Hay personas que responden mejor que otras

Gloria Lamas: ¿Cómo conectan ustedes culpa y reparación?

M. A.: Son aspectos enlazados con lo jurídico; por eso la modernización legislativa ha llevado a no hablar tanto de castigo sino de sanción. Lo importante es reparar el daño que se ha hecho. Aunque, por cierto, hay daños incorregibles. La venganza y el resentimiento se basan en una falta absoluta de lógica, porque lo que pretenden estas emociones es que lo ocurrido desaparezca, y el pasado, lamentablemente, no se puede cambiar. Sin embargo, es posible lograr una reparación, pero ésta no se consigue borrando el pasado. En síntesis, en el campo de la legislación el concepto de sanción se orienta a la posibilidad de reparar. Aquí no podemos aspirar a la perfección; apelamos a lo "menos peor".

J. B.: Para esta reparación no hace falta la culpa; bastaría con la responsabilidad.

M. A.: Podría citar un libro del mejor escritor dinamarqués contemporáneo, Henrik Stangerup, candidato al Premio Nobel. La novela, que fue un *best-seller*, se titula *El hombre que quería ser culpable* y trata de un individuo que mató a su mujer en un momento de discusión muy fuerte. Cuando, después del crimen, analizan su imputabilidad determinan que estuvo alterado, de modo que lo internan en un sanatorio con el propósito de rehabilitarlo. Allí lo tratan con mucho afecto e intentan demostrarle que él cometió el asesinato en un estado de emoción violenta, que no es culpable y que ni siquiera lo van a condenar. El protagonista entra en una situación cada vez más desesperante; cuenta la forma cruel en que mató a la mujer, su voluntad de hacerlo, explica que se siente culpable de ese asesinato y que merece y quiere ser castigado. No acepta que su acción no tenga consecuencias. El mundo se trastrocaría. Por último enloquece; porque la sociedad dinamarquesa moderna, tan concesiva, tan progresista, no quiere condenarlo —pese a que él necesita que lo sancionen.

J. B.: Además está novelado... No piensen que viajando a Dinamarca se acabó el problema... (RISAS). Digo esto porque nunca falta alguna esposa o algún marido que dice: "Vamos a vivir a Dinamarca, que es tan lindo"...

M. A.: "Ahí te mato y no pasa nada"...

(RISAS)

Verónica Nicoli (de San Bernardo): Mi pregunta vincula el tema de la crisis, los cambios y la culpa. Yo estoy dispuesta al cambio. Ustedes decían que necesitamos que nos apoyen nuestros seres queridos. ¿Qué pasa cuando otros, involucrados con nuestro afecto, no están preparados para este cambio?

J. B.: *(Irónico)* Vos preguntás qué pasa cuando el otro es un idiota que no se da cuenta de la maravillosa persona en que te has transformado...

Verónica Nicoli: ¡Exactamente!

J. B.: Ahhh...

Verónica Nicoli: Lo que pasa es que soy docente, y convivo con muchos colegas, pero cada vez que propongo un cambio que creo positivo, los otros dicen: "¿Para qué te complicás la vida?", "No jodas más" o "Por lo que cobro, lo único que quiero es trabajar menos; vos estás loca". ¿Cómo se hace para mejorar el entorno sin terminar quedándose sola? ¿Será mi culpa? Porque yo sigo fiel a lo que creo que es lo correcto, pero me siento cada vez más sola.

J. B.: Les voy a pedir un favor a todos. Aquellos que alguna vez sintieron que a partir de sostener lo que crean correcto se quedaron solos... Levanten la mano por favor...

(Levanta la mano más de la mitad del auditorio.)

(A Verónica Nicoli) ¿Y vos todavía seguís creyendo que estás sola, negra? ¡Dejate de joder! (APLAUSOS)

Queremos terminar esta charla despidiéndonos con un texto del poeta Jorge de la Vega:

Estar en contacto, aproximarse, acercarse, estrecharse y abra-

zarse, rozarse, bordearse, ceñirse, apretarse, apiñarse, agavillarse, confluir, allegarse, fundirse, juntarse, aliarse, hacinarse, apropincuarse y convivir, unirse, confundirse, sumarse, adicionarse, reunirse, ligarse, recopilarse, conciliarse, aglutinarse, amalgamarse, barajarse, enroscarse y embeberse, intercalarse, entrelazarse, entremezclarse, encontrarse y entretejerse, acompañarse, consecuentizarse, tocarse, insepararse y añadirse, unificarse, yuxtaponerse, adyacerse, incluirse, subseguirse y converger.

Cuánto menos sola podría estar la gente si leyera el diccionario.

(APLAUSOS)

BUENOS AIRES

PARTICIPANTES]

Beto Casella (coordinador)

Clara Doblas

Marta Kruk

Elina Schneider

Mirta Ángela Spinelli

Diego Cruz

Italo Martinelli

Esteban

Cecilia

Teresa

Susana Pérez

Fabián Sayons

Gabriel Sbarra

Dora Grois de Stolovas

Ricardo

Adriana

Rodolfo Piay

Rita Cejas

Fernando Dana

Myriam Viviana Gluz

Virginia

[

1
LA BÚSQUEDA DE LA FELICIDAD

M. A.: Me toca hoy darles la bienvenida en este fabuloso y antiguo edificio del Abasto. Reúne una apretada historia donde se entrecruzó el arrabal de los compadritos con el esfuerzo de los inmigrantes. En todos había nostalgia y sufrimiento, pero también valores y una sensibilidad ardiente que alimentó tango, fantasía y leyenda. Fue un hormiguero de actividad, transgresión, redes humanas, sueños. Después se aletargó en ruina. Y ahora emerge lleno de esperanzas, como una apuesta. Con fuegos fatuos y otros menos transitorios, de la que es ejemplo la actividad cultural.

Bien; entremos en materia.

Hace unos siglos había un rabino al que consideraban loco porque recorría los bosques diciendo: "Tengo todas las respuestas. ¿Quién me hace las preguntas?". Hacer preguntas es una labor decisiva. Sin ir más lejos, gracias a las preguntas avanza la ciencia, entre otras cosas. Sé que ustedes sabrán aprovechar esta ocasión, de manera que damos comienzo al primer tema.

Beto Casella (coordinador): ¿Existe la felicidad? ¿Es un mito, una abstracción o, por el contrario, algo que se puede tocar, alcanzar?

M. A.: Hasta ahora el tema de la felicidad no fue tratado con decisión por los grandes maestros de la psicología. Parecía un sobreentendido al que no había mucho que agregar. Sin embargo, es un tema básico de la condición humana. A todos nos importa saber qué es la felicidad y, sobre todo, cómo conseguirla. Abundan los chistes relativos a cómo ser feliz. Hace tiempo, en un reportaje le preguntaron a Woody Allen si era feliz, y él respondió con esa mezcla de inteligencia y escepticismo que lo caracteriza: "Sí, soy feliz... cuando estoy distraído".

En una revista americana de psicología leí un trabajo cuyo título sonaba poco científico, pero elocuente: "Si somos ricos, ¿por qué no somos felices?". Con frecuencia se asocia la felicidad con la posesión. Mucha gente lucha para acumular la mayor cantidad posible de bienes, creyendo que con eso la va a conseguir. En este caso, los bienes no serían el último objetivo, sino el medio para conseguir la felicidad. No obstante, sabemos que entre la gente muy rica también existen suicidios, somatizaciones, drogadicción, depresión, rupturas familiares. Pensadores como Giambattista Vico, David Hume y Montesquieu decían que la felicidad sólo se da cuando existe una concordancia entre el bienestar personal y el bienestar colectivo. Es una evaluación sensata porque, en efecto, nadie puede ser enteramente feliz cuando lo rodea la miseria ajena, a menos que se trate de un perverso.

La obtención de riquezas, incluso si se lograra que toda la sociedad llegase a un nivel económico superior, no asegura la felicidad. En la Grecia antigua, Epicuro, un filósofo que se ocupó bastante del tema, formuló una respuesta que causó resistencia y desprecio entre quienes consideraban que el ser humano solamente puede ser feliz si sufre, si se sacrifica, porque el auténtico bienestar es patrimonio de otra vida. El epicureísmo, por el contrario, relaciona la felicidad con los placeres terrenales. Epicuro no se refería al desenfreno, al llamado libertinaje. En una carta a Meneceo sostiene que para ser feliz debe poseerse sabiduría, virtud y justicia, y que cada ser humano debe vivir "como si fuese un dios". Esta última frase es la más rica y, quizá, la más enigmática. La posición de Epicuro fue criticada, en primer lugar, porque en el cristianismo medieval "ser como un dios" era inaceptable, y además se consideraba que darse todos los gustos iba en contra de la virtud. No obstante, Epicuro afirmaba que la felicidad no se logra con orgías, sino con los pequeños placeres. Fue, en ese sentido, distorsionado y calumniado.

J. B.: Te escuchaba, Marcos, y pensaba en el desafío de vivir como un dios para ser feliz. Esto me llevaba forzosamente a considerar la felicidad como un imposible. Es decir, yo sé que no soy un dios, sé que vos tampoco lo sos, sé que ninguno de los que están aquí lo es... y si cayéramos en la trampa de quedarnos con lo literal y no con la analogía, terminaríamos por pensar que la felicidad no es para nosotros.

Yo estoy convencido de que la felicidad existe, que es un hecho concreto, que no es un punto de fuga, un lugar al cual apuntar pero nunca llegar. Es un hecho, con la sola condición de no dejarla atada al placer y al disfrute. No creo que la felicidad tenga que ver con la fotografía cotidiana de lo que nos está pasando.

Te pregunto, Marcos: ¿No te parece que la felicidad podría ser algo que vaya más allá de la historia del placer instantáneo, de hacer lo que más me gusta o estar disfrutando de lo que hago?

M. A.: En primer término deseo recordar que Epicuro no dijo "ser dios", sino "ser como los dioses". No es lo mismo. Ahora, respondiendo a tu pregunta, contesto que sí, que hacer lo que nos gusta ya es un placer. En cuanto a que todos tenemos derecho a ser felices, recordemos que no todos lo ejercen, sino que hay sabotajes y prohibiciones, tanto externos como internos. Las prohibiciones externas derivan de las condiciones en que vivimos: persecución, miseria; pero hay otras prohibiciones cuyo origen es interno y nos impiden ser felices aunque tengamos esa posibilidad. Entran en juego los problemas de la biografía de cada sujeto. Además, hay puntos de vista; en ciertas culturas la felicidad terrenal se considera pecado.

De las diversas formas de búsqueda y encuentro de la felicidad, hay una que me parece alcanzable. Me refiero a la llamada experiencia *autotélica*, es decir, entusiasmarse, concentrarse y disfrutar de aquello que al individuo le interesa. Por ejemplo, una persona amante de los deportes, gozarlos intensamente cuando los practica; los que aman bailar, hacerlo con todo el cuerpo y toda el alma; quienes escriben, vivir con placer el proceso de la escritura. Pero no nos quedemos aquí, dado que este enfoque también encierra sus "trampas" (la mente humana está repleta de trampas). Alguien que gusta mucho de trabajar puede convertir su trabajo no en una fuente de placer, sino en una adicción para huir de los placeres ante los cuales siente miedo. Se convierte en un *workaholic*. El trabajo deja de ser fuente de dicha para transformarse en una fuga.

La felicidad no es un estado permanente, a la manera de la tensión arterial, que en la mayoría de los sanos se mantiene estabilizada. Por el contrario, hay momentos de mayor y de menor bienestar. A menudo contrastamos la felicidad con las decepciones, las frustraciones; sería el reverso de lo malo. Por ejemplo, cuando alguien está muy cansado, disfruta más del reposo; las vacaciones resultan más agradables si dan fin a una etapa de intensa labor. La felicidad sería, entonces, el bienestar opuesto a la tristeza, la angustia, el fracaso, el dolor.

J. B.: Marcos, vos hablás con mucha claridad de las trampas que nos hacemos para no disfrutar de nuestra vida, trampas que nos impiden que seamos tan felices como podemos. Otra alternativa sería pensar la felicidad desligada del placer. Me gustó mucho aquello que dijiste sobre la felicidad del deportista cuando hace deporte, pero quizás aquel que disfruta del deporte también sea feliz cuando llega a limitar esa actividad. Me gusta más pensar la felicidad como un camino, una trayectoria, y no tanto como un logro, un lugar. En todo caso, yo pienso la felicidad como el lugar hacia el cual me dirijo. Porque ir en esa dirección me da una sensación placentera, es verdad, pero sobre todo me da una sensación de serenidad, de aseveración del camino recorrido.

M. A.: Son matices. Nosotros, por ejemplo, en este momento estamos escribiendo un libro. Esta tarea nos da placer, porque nos pone en contacto recíproco y en contacto con el público. Nuestro objetivo es que el libro se publique, pero mientras tanto lo estamos disfrutando ahora.

J. B.: Está muy bien el ejemplo... Y aprovecho para hacerte una pregunta. Cuando ayer decíamos: "¡Uy, mañana es el paro, la gente no va a venir, mirá si no pueden viajar, qué lástima!", la verdad es que no disfrutábamos, la verdad es que hubo displacer ahí. ¿Dejaste de ser feliz en ese displacer? Yo no. A mí, la idea de escribir un libro con vos me da satisfacción, siento que es algo que quiero hacer y por eso es placentero. Y si hoy no hubiese podido venir nadie, seguramente habría sufrido un poco, pero no creo que hubiese dejado de ser feliz.

M. A.: Ahí está la vuelta de tuerca. Porque si hiciéramos del libro terminado todo el objetivo, y no disfrutáramos del proceso de plasmarlo, nos estaríamos perdiendo un largo tramo de felicidad. A esto me refería cuando hablé de disfrutar de las cosas que hacemos mientras las estamos haciendo. Es decir: si me gusta estudiar, todo el tiempo en que esté estudiando tengo que sentir que lo disfruto, no sólo cuando siento que aprendí. Me gusta tu idea del camino. Muchas veces se ha definido la vida misma como un camino que no tiene puerto; el puerto es justamente el final de la vida.

Clara Doblas (49 años, capacitadora): Cuando miramos nuestro pasado, nos damos cuenta de que hemos sido felices en distintos momentos de nuestra vida. Muchas veces decimos: "Pucha, cómo no fuimos más conscientes". A partir de su profesión, ¿habría algún mecanismo que los seres humanos podríamos desarrollar para vivir esa continua búsqueda de la felicidad como felicidad en sí, es decir, para sentir que ese trayecto vale la pena por sí mismo?

J. B.: Yo te diría que ojalá no haya "un" mecanismo; debe haber muchas maneras de acercarse a esta idea. El mecanismo tiene que ver con el darse cuenta, el volvernos cada vez más conscientes, el crecimiento personal. Aprender de nosotros mismos y de los otros nos va a iluminar el camino que estamos recorriendo.

M. A.: (*A Clara Doblas*) Compararía tu pregunta con la dificultad para darnos cuenta de que estamos sanos. La salud es un estado del cual no poseemos conciencia; sólo cuando nos quebramos un brazo o tenemos fiebre advertimos lo bien que nos sentíamos cuando gozábamos de salud. Es más, muchas veces maltratamos la salud con gran irresponsabilidad. Con la dicha sucede lo mismo: cuando la tenemos, no logramos percibirla.

Esto guarda relación con el trabajo que hacemos Jorge y yo, que es intentar que la gente se dé cuenta de muchas cosas. Hay personas que podrían ser felices y no lo son porque no se dan cuenta; personas que, por ejemplo, tienen el quejido a flor de labios todo el tiempo, sin motivos reales, casi como un tic.

Marta Kruk (46 años): Quiero contarles un breve cuento tradicional de mis ancestros, porque resume ese camino con obstáculos que transitamos hacia la felicidad. Se llama "El zar y la camisa":

Un zar, hallándose enfermo, dijo:

—Daré la mitad de mi reino a quien me cure.

Todos los sabios se reunieron y celebraron una junta para curarlo, pero no encontraron medio alguno. Uno de ellos, sin embargo, declaró que era posible curarlo.

—Si sobre la Tierra se encuentra a un hombre feliz —dijo—, quítesele la camisa y que se la ponga el zar, con lo que éste será curado.

El zar mandó buscar a un hombre feliz. Los enviados del soberano se esparcieron por todo el reino, pero no pudieron descubrir un solo hombre feliz, contento con su suerte. Uno era rico, pero estaba enfermo; el otro gozaba de salud, pero era pobre; aquel rico y sano se quejaba de su mujer; éste, de sus hijos. Todos lamentaban algo.

Cierta noche, muy tarde, el hijo del zar, al pasar frente a una pobre choza, oyó que alguien exclamaba:

—Gracias a Dios, he trabajado y he comido bien. ¿Qué me falta?

El hijo del zar se sintió lleno de alegría; inmediatamente mandó que le llevaran la camisa de aquel hombre, a quien en cambio habrían de darle cuanto dinero exigiera.

Los enviados se presentaron a toda prisa en la casa de aquel hombre para quitarle la camisa; pero el hombre feliz era tan pobre, tan pobre, que no tenía camisa.

Elina Schneider (63 años, secretaria ejecutiva): Dado que vivimos en un mundo transitorio, donde todo cambia, me pregunto si, como objetivo en la vida, no sería mejor lograr la paz espiritual, que es algo interno, que nunca depende de los factores externos, en vez de la felicidad. Quisiera conocer vuestra opinión.

J. B.: Posiblemente sea mejor, pero yo no encuentro diferencia entre ser feliz y tener paz espiritual. Porque para mí la felicidad no tiene mucho que ver con los logros en el afuera. Pensá en lo que decíamos del libro; por supuesto nos va a alegrar que se publique, pero indudablemente estamos felices hoy, mientras disfrutamos de hacer esto en forma compartida. La felicidad tiene que ver con la serenidad que da saber que uno está en el camino. El logro es un tema de vanidades, cuando uno dice: lo conseguí, llegué primero, vendí tantos libros, soy exitoso, mi casa es más grande...

Mirta Ángela Spinelli ("el Ángel Azul", psicóloga social, de Mar del Plata): Resulta infructuoso basar nuestra felicidad en la capacidad de controlarlo todo. Aunque la elección de nuestras acciones que hemos de ejecutar está bajo nuestro control, no controlamos las consecuencias de nuestras opciones. Las leyes y los principios universales, en cambio, sí lo hacen. De este modo, no somos nosotros quienes controlamos nuestra vida, sino los principios...

M. A.: Los seres humanos estamos habitados por ideales, deberes, principios éticos, deseos, afectos. Cuando todo lo que nos habita entra en colisión, cuando nuestros ideales no coinciden con nuestras obras, se produce un quiebre de la paz interna. Si nuestro ideal es ser solidarios con el prójimo y no lo estamos siendo, no podemos sentir tranquilidad. En el mismo sentido, si aun amando a nuestros padres nos manejamos con una conducta mediante la cual les causamos daño, no podemos pretender el goce de la paz interior. Debe haber una armonía entre los distintos elementos que nos constituyen. A veces no tenemos clara conciencia de nuestras contradicciones. Los caminos para obtenerla son múltiples: una buena terapia, un consejo inteligente, una meditación realmente profunda.

Diego Cruz (médico): ¿No creen que el proyecto de felicidad puede ser una cuestión demasiado abarcadora, que nos sobrepasa? Podemos sentir la felicidad con pequeñas cosas, o con distintas y grandes cosas, con proyectos, realizaciones personales, afectos... ¿No será que la felicidad nos ha sido impuesta de modo que ha terminado incomodándonos o presionándonos?

J. B.: Una zanahoria.

Diego Cruz: Exacto, como una zanahoria delante del burro. La felicidad debería ocupar un lugar breve, antes de despedirnos de esta Tierra, como para hacer un balance...

M. A.: Existe una relación entre las expectativas y los logros. Cuando alguien se propone objetivos que están más allá de sus posibilidades reales y se exige más de lo que puede lograr, aquello poco que logre no va a ser apreciado. En cambio, si aspira a lo que es más o menos sensato para sus posibilidades reales, cada triunfo será motivo de alegría. Por cierto que a veces, pocas veces, el azar juega también a favor y puede ocurrir que una persona de nivel económico bajo dé un salto hacia arriba. Entonces debería celebrar su suerte. Y por lo general así ocurre. Pero también ocurre que pronto olvida lo mal que estaba antes, deja de comparar su bienestar presente con su miseria pasada y desvía la comparación hacia sus vecinos ricos. Se embarca en nuevas y difíciles competencias. Así, mantiene un estado de insatisfacción permanente, y la insatisfacción conspira contra la felicidad. No estoy aconsejando ser mezquinos o temerosos, pero sí que las ambiciones mantengan armonía con las posibilidades.

J. B.: Quiero agregar a lo que dijo Marcos este cuento.

Un famoso economista está hablando con su hijo y le dice:

—No, Ernesto, en realidad te conviene casarte con Karina, la hija del joyero del pueblo. Ella podría aportar a su futura familia una gran seguridad económica. Su padre le legará una enorme fortuna.

—Pero yo quiero casarme con Alejandra, la hija del zapatero —dice el hijo.

—¿Pero cómo te vas a casar con ella? Su padre no tiene una moneda, nunca te podrá ayudar; todo va a ser terrible; las carencias, la pobreza...

—*Yo entiendo, viejo, pero ¿sabés qué pasa? Solamente al lado de Alejandra podría llegar a ser feliz.*
El economista lo mira por encima de sus anteojos y le dice:
—*¿Feliz? ¿Y para qué te va a servir ser feliz, si no tenés dinero?*

Quizás esta historia de ir detrás de una ilusión, fantástica, como la de las películas de Hollywood, donde la belleza es inconmensurable, los matrimonios no se pelean y las dificultades económicas no aparecen, si bien funciona como una imagen virtual hacia la cual dirigirse, a la vez se nos plantea como un incentivo presionador, porque, en lugar de actuar como punto de mira, actúa como una presión: si no conseguís esto, sos una especie de ente subdesarrollado.

Italo Martinelli: Pregunto si la felicidad, en lugar de pasar por estos lugares que muy pocas veces alcanzamos, no debería pasar por un lugar de mayor aceptación de las cosas que nos van pasando en este camino que es vivir.

J. B.: Es exactamente lo que Marcos acaba de explicar. Y estoy de acuerdo. Pero hay que entender lo que quiere decir "aceptación", porque si no, caemos en la idea de no cambiar nada, bajar la cabeza o conformarnos con cualquier cosa. De ninguna manera. Aceptación es no vivir con la urgencia de que algo sea diferente "ya". Aceptación significa trabajar para que las cosas se construyan desde un lugar diferente. Este trabajo tiene que ver con una palabra muy usada en esta charla, que es "satisfacción". La felicidad aparece cuando siento que estoy haciendo lo mejor que puedo para cada cosa que yo deseo; cuando lo que pretendo en mi vida, cuando mi sueño, que no es desmedido, se confronta con estar haciendo lo mejor que puedo para lograrlo, que no estoy siendo avaro ni con mis ambiciones ni con la utilización de mis recursos ni con la posibilidad de compartir esto con los demás.

Esteban (médico): Un poco disiento con todos; espero no ser el bicho raro. Acepto, como dijo el doctor Aguinis, que la felicidad no se basa en cosas materiales. Pero, sin ánimo de ser un representante del escepticismo posmoderno, creo que la felicidad es una entelequia, a menos que diferenciemos entre lo que podría llamarse una felicidad terrenal y una espiritual, una felicidad menor y una mayor. La terrenal estaría dada por las pequeñas cosas que cotidianamente nos pueden satisfacer.

J. B.: Me acuerdo de una paciente que me trajo una postal de Italia, muy linda, con un paisaje de un hotel cinco estrellas, y un texto que decía: "*Il soldi non donna la felicitá. Figuratti senza*". ("El dinero no hace la felicidad. Imaginate sin él").

Esteban: Para mí la felicidad de la que habla la gente es una felicidad menor. La verdadera felicidad se refiere a algo más, un concepto espiritual al cual nunca nadie ha llegado, y al que tal vez se llegue sólo con la muerte. Mi pregunta termina en algo retórico, basado en un dicho popular: La felicidad, ¿no es producto de la ignorancia?

J. B.: (*Hace una pausa y lo mira por encima de los anteojos*) ¡Lo ignoro!

(RISAS Y APLAUSOS)

(*A Esteban*) Te pido disculpas por esto, pero, quizá producto de la ignorancia, hace muchos años que yo creo que soy feliz. Y la verdad es que no quiero que me cuentes lo contrario; te pido por favor que no me lo expliques. Esta felicidad, como vos bien decís, está muy relacionada con cosas espirituales, seguramente. Y la encuentro, no en las cosas que consigo, sino en las cosas que vivo. Es decir, esta felicidad, que no es una entelequia, tiene que ver concretamente con sentirme feliz. No es objetivable. Es decir, vos podés mirar mi vida y decir: "¡Y este tarado es feliz, con la cara que tiene!". Puede ser. Pero a mí me alcanza, para mí es suficiente. Porque la felicidad que siento tiene que ver con una sensación de serenidad —muy vinculada a lo espiritual que vos mencionaste— por estar en el camino. No tiene que ver con llegar a un lugar. Porque la felicidad de un buscador es recorrer el camino, es animarse a descubrir la vida cada día, es animarse a vivirla, a tocarla, y también es animarse a padecer lo que haya que padecer. Yo no creo que deje de ser feliz cuando me toca el dolor de ver a una persona querida que sufre. Estoy triste, que es otra cosa. Para mí la felicidad no es una ficción porque no está atada a pasarlo bien, a estar cantando. La felicidad no es una canción, sino saber que soy capaz de cantar. Si no fuera así, bastaría con volver a la historia del señor que se compra los zapatos dos números más chicos pensando qué feliz que va a ser cuando llegue a su casa y se los saque.

M. A.: Ya que hablaron los médicos, voy a hacer una referencia a un congreso internacional de cardiología donde se presentó un trabajo con profusas estadísticas en las que se demostraba que las personas jóvenes, ricas y sanas tenían menos posibilidades de infartarse. Entonces, un argentino que amaba los tangos dijo: "¡Pero claro! ¡Ser joven, rico y sano es mejor que ser viejo, pobre y enfermo!".

(RISAS)

Cecilia: Voy a invertir la dinámica, porque en lugar de hacer una pregunta voy a responder, dado que la mía es una de las pocas respuestas que encontré; el resto son dudas. Para mí la felicidad no viene de afuera, sino fundamentalmente de adentro. La puedo encontrar en las cosas cotidianas; no espero lo grande. Por ejemplo, en un día muy lindo, caminar por las calles de Buenos Aires y disfrutar del verde. Las pequeñísimas cosas son las que me impactan, las que me llenan. Eso es todo.

Beto Casella (coordinador): Aprovechemos que no es una pregunta sino una respuesta y pasemos al próximo tema: "Violencia social".

2
VIOLENCIA SOCIAL

Beto Casella (coordinador): Si este libro se hubiese escrito hace veinte años, probablemente la violencia no habría formado parte del temario. ¿Qué pasó, de unos años a esta parte en la Argentina y en el mundo, para que la violencia se convirtiera en un fenómeno y una temática permanente?

M. A.: Si hace veinte años no la tratábamos con tanta insistencia, no es porque no existiera, sino porque tratarla estaba prohibido. La violencia ocurre desde que la humanidad tiene memoria y antes también, pero hace poco se reflexiona sobre ella, yo diría que no hace más de doscientos años. Antes no se la tenía en cuenta, se la consideraba algo natural, como respirar o comer. Sin embargo, un gran filósofo como Friedrich Nietzsche la pensó como una manera de acceder a niveles superiores del espíritu, como un modo de vencer la modorra. De allí que se lo mal interpretara, porque Nietzsche no tenía ideas totalitarias. Otro gran filósofo, Karl Marx, definió la violencia como "la partera de la historia", el instrumento mediante el cual la humanidad sube a peldaños más altos y alcanza mejores niveles de vida. La resistencia al cambio impide el progreso, y entonces la única forma de lograrlo consiste en romper estructuras. De este modo, la violencia es jerarquizada como recurso al servicio del perfeccionamiento de la humanidad.

Elogiada y alabada por muchos, sobre todo después de la Revolución Francesa —como si hubiera sido impresindible que cayeran tantas cabezas en la guillotina para que el mundo pasara del feudalismo a la Edad Moderna—, la violencia es cuestionada por otros pensadores. Mahatma Gandhi, creador del movimiento de la resistencia pacífica; León Tolstoi, patriarca de la literatura; el filósofo Martin Buber; o la Madre Teresa de Calcuta, son algunos ejemplos entre la gran cantidad de intelectuales y políticos que se han opuesto a ella. Por lo tanto, se crea un contraste, una lucha, entre quienes han analizado este tema desde el elogio o desde la condena.

Teresa (29 años): Muchas personalidades dicen que la violencia no es necesaria y que tenemos que luchar contra ella. Pero... ¿es posible?

M. A.: Hay momentos en que el ser humano cancela ciertas normas éticas impuestas por la civilización y se transforma en una bestia irreconocible, como ha ocurrido en Yugoslavia o en África, o con el nazismo. ¿Qué pasa entonces? ¿Cómo se puede frenar este devenir? Debería haber distintas maneras. Algunos opinan que Emanuel Kant, con su célebre imperativo categórico, dijo que hay cosas que a los seres humanos no les gustan, pero que deben aceptarlas aunque no les gusten. Sigmund Freud demostró que la civilización impone restricciones que producen un malestar en la cultura, una suerte de rumor interno que nos mantiene disconformes, nerviosos, y por el cual a veces estallamos.

Sabemos que la sociedad está dividida: unos consideran que la violencia es útil; otros, que es estéril. Prueba de ello es el paro que estamos viviendo en este momento. Se lo considera un gesto violento, que altera las condiciones ordinarias del país. Es un mecanismo no relacionado con el diálogo o la negociación, con la búsqueda de transacciones favorables al conjunto.

En el mundo hay muchos focos de violencia debidos a conflictos que separan poblaciones enteras, y que podrían resolverse mediante una buena negociación, no por la fuerza. Cuando leemos con atención el desarrollo de las guerras, nos preguntamos cómo es posible que se haya asesinado a tanta gente, que se haya generado tanto dolor para, por ejemplo, conseguir ajustes mínimos de fronteras que, a la larga, no tienen mayor trascendencia. Países que se odiaron durante generaciones, que fueron protagonistas de matanzas horribles, como Francia y Alemania, actualmente son socios en el Mercado Común Europeo. Recuerdo una frase muy sabia de Berta Kinsky von Suttern, en su libro *Abajo las armas*, donde narra las atrocidades de la guerra de 1870 entre Francia y Alemania: "A nadie se le ocurre borrar una mancha de aceite con aceite ni una mancha de tinta con tinta, pero las manchas de sangre sólo se las quiere borrar con más sangre".

J. B.: No hay duda de lo que decís, sobre todo para humanistas como nosotros. La violencia es un atentado contra la vida, una transgresión del respeto al prójimo. Ahora bien, desde lo psicológico, la violencia es siempre la expresión de una intolerancia a la propia impotencia, es la pérdida de la posibilidad de actuar humanamente y, por lo tanto, implica siempre una denigración de lo humano. Es decir, si no consigo modificar las cosas, es probable que recurra a la violencia, que me vuelva prepotente para esconder mi impotencia. Para mí, la violencia es la expresión más concreta de la impotencia del ser humano, una manera siniestra de hacer las cosas. El significado de la violencia queda expresado en el más duro, horrible y espantoso de los cuentos que yo cuento y que escuché contar alguna vez al maestro Jaime Barylko.

Había una vez dos hermanos que vivían compitiendo. El padre de ellos, que era el rey, había intentado ayudarlos a encontrarse, y para ello había dividido el reino en dos, poniendo a cargo de cada mitad a un hermano, con el fin de que no tuvieran nada que envidiarse. Sin embargo, los hermanos seguían peleándose: uno cruzaba por la frontera y robaba un animal; el otro cruzaba y se llevaba un bebedero; y así todos los días.

Una tarde, el padre de ambos pensó que, si consiguiera despertar en ellos la solidaridad y conjurar el perjuicio que se hacían uno al otro, podría terminar con esta violencia. Así que llamó a los dos hijos y les dijo:

—Voy a dar a cada uno de ustedes lo que me pida, con una sola condición: a su hermano le daré dos veces lo pedido. Es decir, si uno me pide un caballo, se lo daré, pero al hermano le daré dos caballos; si uno me pide un castillo, le daré uno a él y dos a su hermano; y si

uno me pide un baúl lleno de joyas, le conseguirá al hermano dos baúles llenos de joyas.

El rey sintió satisfacción pensando que de este modo había vencido la competencia entre sus hijos. Pero uno de los hermanos levantó la mano y dijo la frase más terrible, la que nadie quería oír:
—Quitame un ojo.

Esto sucede cuando el odio se enquista en el ser humano, cuando se cree que no hay más que destruir al prójimo para poder salvarse. Llega un momento donde ya no importa destruir la propia esencia con tal de destruir la del otro. El objetivo de conseguir lo que necesito se desplaza así a equiparar pensando que vos tampoco lo consigas; me basta entonces con que vos tampoco tengas lo que yo no tengo.

Beto Casella (coordinador): Con el concepto de "violencia social" también nos referimos a la violencia producto de la marginalidad o la miseria de muchísima gente que quedó fuera del sistema económico. ¿Quieren decir algo sobre esto?

J. B.: De alguna manera, todos estamos inquietos con este problema. En la medida que hemos perdido la posibilidad de escuchar y saber, estar fuera del sistema tiene que ver con una poca capacidad social de compartir, con una pérdida de valores sociales. El dejar a otros afuera es en sí mismo un error del sistema, y el desafío es encontrar un rumbo correcto. Este desafío tiene mucho que ver con la educación y el crecimiento. Si nos comportamos como nenes caprichosos tratando de competir con el hermano para ver quién tiene la pelota, quién tiene el cariño de papá, quién tiene la mirada, quién hace pis más lejos, quién tiene el chiche más lindo, nos volvemos estúpidos, competitivos, absurdos, infantiles, y terminamos en la autodestrucción. Cuando se estudia medicina no se puede evitar saber que, si el hígado y el cerebro compitieran por ver cuál es el preeminente, cualquiera que ganara mataría al cuerpo entero.

M. A.: La violencia tiene un gran poder pedagógico, pero sólo enseña una cosa: más violencia. El tema de la marginalidad y la pobreza también se relaciona con la violencia que se encuentra dentro del hogar; familias violentas que no transmiten amor a sus hijos; hijos que ven a una madre golpeada, a un padre despótico o desesperado; familias entre cuyos integrantes reina una lucha sorda, de las cuales surge sólo el modelo de agredir. Son personas que no han recibido amor y, por lo tanto, no pueden darlo. Pero la falta de solidaridad no proviene específicamente de sectores marginales; muchas veces, gente que ha llevado una vida bastante satisfactoria se siente incapacitada para actuar de manera solidaria.

Susana Pérez (50 años, terapeuta corporal): En esta escalada de generaciones en la que se va transmitiendo el odio en vez del amor, pareciera que la humanidad debe realizar todavía un largo aprendizaje. La persona que recibió amor ama naturalmente. ¿Qué pasa cuando este amor no está?

M. A.: En todo el mundo se elogia el valor de la familia. Incluso hay partidos políticos que colocan como principio fundamental de su plataforma este valor. Los niños criados en ambientes donde no hay amor están condenados a ser violentos. No alcanzarán todos los maestros del mundo para lograr cambiar esta situación.

Fabián Sayons: Habría que separar la violencia individual de la colectiva. La violencia individual —en el trabajo o los afectos, por ejemplo— es la que genera la injusticia, y se manifiesta de múltiples formas, dignas de cualquier estudio psicológico. La violencia colectiva y la violencia de la historia, sin justificarlas, son diferentes. Por ejemplo, ¿qué independencia se habría conquistado sin violencia? A su vez, la violencia es el mejor de los vehículos para la defensa de intereses muy poderosos, un método muy eficaz que actualmente juega desde el temor. Para terminar, la violencia también tiene algo de gatopardismo: producir un cambio para que nada cambie.

M. A.: Buena observación, porque hay que diferenciar la violencia legítima de la ilegítima. Por ejemplo: la rebelión de Espartaco a la cabeza de millares de esclavos sometidos brutalmente por el imperio romano, ¿era ilegítima? La lucha de los países latinoamericanos por su independencia en el siglo XIX, ¿era ilegítima? ¿Cómo diferenciamos la violencia legítima de la ilegítima? De una sola forma. Mientras existen métodos, caminos y vías para lograr resultados, la violencia es ilegítima. Sólo es legítima cuando están bloqueados todos los otros caminos, cuando no existe ningún otro medio que permita una solución. Porque la violencia es destrucción, causa daño y genera resentimientos profundos.

J. B.: Coincido con Marcos en que la violencia es ilegítima cuando hay recursos no violentos. Lo que no creo es que haya un espacio donde no estén disponibles esos recursos. De Gandhi para acá esto no se puede decir más. En todo caso, se trata de una urgencia; y habrá que ver cuánto se puede esperar ese recurso. Ojalá podamos volvernos cada vez más creativos y crecidos como para ser capaces de encontrar cada vez más recursos no violentos. Desde mi humilde mirada, en la violencia de lo cotidiano, yo, por lo menos, encuentro muy poca legitimidad.

Gabriel Sbarra: Usted dijo "urgencia" y yo reflexioné sobre cómo conviene invertir en la felicidad. Me acuerdo de mis padres y de mis tíos; ellos querían hacer un negocio y querían hacer la diferencia "ya". Y con el tema de la violencia sucede lo mismo: tenemos que invertir a largo plazo, no bajar los brazos. Nos cuesta mucho a los argentinos, porque siempre queremos hacer la diferencia de un día para el otro.

J. B.: Para nosotros, esa inversión a largo plazo se llama educación y desarrollo proyectivo.

Dora Grois de Stolovas (50 añitos, de Artigas, Uruguay): El gran teórico de nuestra sociedad postmoderna es FIDO DIDO... ¡Hacela fácil! Cuando se quiere las cosas fáciles y rápido no se buscan los caminos alternativos y se recurre a la violencia.

Ricardo (40 años, militar, master en seguridad y solución de conflictos): Siempre hay una oportunidad para evitar la violencia. Recordarán la frase de Clausewitz: "La guerra es la continuación de la política por otros medios"; o sea, hasta tanto la política pueda dar soluciones, la guerra es evitable. Los argentinos, en este momento, estamos viviendo un incremento incesante de violencia. ¿Hemos aumentado la violencia porque no tenemos cultura de legalidad? ¿Por qué otros países tienen distinta fortuna con la violencia? ¿Por qué en Yugoslavia, por ejemplo, la violencia es interminable? ¿Por qué existen países pobres sin violencia y países ricos con violencia? O viceversa. Reformulo la pregunta: La cultura de la legalidad en nuestra sociedad actual, ¿no está apartada, y eso nos lleva a un devenir de violencia, desde el fútbol hasta la familia?

M. A.: Celebro su pregunta y que la haya formulado un militar, precisamente. Coincido en que la Argentina, históricamente, no tiene cultura de la legalidad. Tanto en nuestro país como en América latina se ha disfrutado con la violación de la ley, acto que se ensalza como producto de una mente transgresora activa. Me refiero a la figura del pícaro, que es aplaudido porque sabe cómo zafar la ley. Esto determina que en nuestro país, además de los factores objetivos que conocemos (desocupación, marginalidad, pobreza), la violencia pueda incrementarse hasta grados tremendos; porque aquí hay mucha impunidad, que es la madre de casi todos los delitos. Entre impunidad, violencia y delito hay una relación directamente proporcional: a mayor impunidad, mayor violencia.

J. B.: (*A Ricardo*) Dijiste que, mientras haya una posibilidad política, la violencia y la guerra no tienen sentido. Quiero dejar establecido que, si en determinado momento no existe esa posibilidad política, habrá que cambiar de políticos, habrá que encontrar otra política o usar otra cosa que no sea la política, ¡habrá que encontrar otra solución para que de todas formas no sea la guerra una alternativa a implementar!

(APLAUSOS)

Adriana: La pregunta es para Marcos. En la mayoría de tus libros —por ejemplo *Los iluminados*[11] o *La gesta del marrano*[12]— la violencia está expuesta en los personajes, en forma descarnada, detallada y elocuente. ¿Por qué?

---

[10] Marcos Aguinis, *Los iluminados*, Buenos Aires, Atlántida, 2000.

[11] Marcos Aguinis, *La gesta del marrano*, Buenos Aires, Planeta, 1991.

M. A.: La violencia es una de mis obsesiones literarias. Todo autor, como he dicho en varios reportajes, tiene una media docena de obsesiones que van presentándose con distintos personajes y en diferentes escenarios. Y es una de mis obsesiones porque la detesto profundamente. ¿Por qué la detesto tanto? Porque a través de ella se viola el mandamiento de respetar al prójimo; violencia significa hacer algo que daña a otro. Un hecho que la prensa ha destacado últimamente con gran intensidad, y que a mucha gente le preocupa, es la violencia que significó la segunda Intifada en Oriente Medio en el momento en que parecía que las negociaciones de paz llegaban a un acuerdo definitivo. ¿Era justificable ese estallido? ¿Condujo a una mejoría de la situación? La prensa no condenó esa injustificada violencia de un modo firme; en cambio, comenzó a analizarla, a sopesar los factores en juego. Y atizó la hoguera de los extremistas.

J. B.: Y aun si se la justificara en situaciones donde no hay otra posibilidad que la violencia, me pregunto: ¿quién es el que determinará que se acabaron las otras posibilidades? ¿El que tiene el fusil en la mano? ¿Quién dice: "Ya no hay más oportunidades"? Si se legitima la violencia, irremediablemente ocurre lo que ya sabemos: la violencia no puede generar otra cosa que no sea violencia. Todos podríamos estar de acuerdo en que, cuando no hay otro remedio, es válido actuar de esta manera. Pero, otra vez... ¿quién es el que va a decidir el momento? ¿Quién determina que ya no se puede esperar?

Rodolfo Piay (escritor, 58 años): "Amad al prójimo como a ti mismo", ¿no significa también "no ejerzas sobre él la violencia que no ejercerías sobre ti"?

M. A.: En cierto modo. Habría que aclarar que a veces uno ejerce violencia sobre uno mismo, también...

Rodolfo Piay: Claro que se ejerce violencia sobre uno mismo. Lo sé, desde el hecho de ser hincha de River Plate de Buenos Aires o Nacional de Montevideo hasta el suicidio.

(RISAS)

J. B.: Violencia es violar, violencia es hacer algo en contra de la voluntad y el deseo de otro, violencia es obligar a alguien a hacer aquello que no quiere hacer y forzarlo a hacer aquello con lo cual no está de acuerdo, más allá de que los medios utilizados sean los que consideremos violentos. Violencia es cualquiera de estas cosas y, por supuesto, algunas de las cosas que hacemos con nosotros. La adicción es un ejemplo de violencia ejercida sobre uno mismo.

Rita Cejas: Violencia no es sólo levantarse en armas y agredir en forma material, sino también que mueran de hambre tantos niños en el mundo, que no exista acceso a la salud, que haya desigualdad social. Pienso en la violencia que se nos va gestando desde pequeños con los cuentos que nos leyeron nuestros padres y que les leemos a nuestros hijos, cuentos donde hay malos, ogros, lobos feroces...

J. B.: Tranquila... Quizás estos cuentos no están allí para incentivar la violencia sino todo lo contrario. El problema no está en estos hechos que todos sabemos violentos, sino en aquellas interpretaciones que personalmente uno hace de hechos que quizá sean violentos y quizá no. Veamos un ejemplo de mala interpretación.

Dos muchachos vienen manejando su auto convertible a toda velocidad por una carretera, y en una curva ven doblar un auto importado que hace un zigzag como perdiendo el control. Los jóvenes creen que van a chocar, hacen una maniobra que logran controlar, el otro auto controla también su marcha, y cuando pasan por al lado ven que la conductora es una mujer. Entonces, en esta cosa machista le gritan:

—¡¡¡Che, mirá lo que hacés, andá a aprender a manejar!!!
La mujer baja la ventanilla y les grita:
—¡Cerdos!
Los muchachos se dan vuelta y vociferan:
—¡Vaca!
Ellos toman la curva a toda velocidad y se llevan por delante una manada de cerdos que estaba en la mitad de la ruta.
(RISAS)

La lectura de "cerdos" es subjetiva, y de ella depende que sea un insulto o una advertencia. La mujer está avisándoles que hay cerdos en la ruta, pero los muchachos lo toman como un insulto y responden violentamente a un hecho que viven como violento aunque no lo era. Habrá que ver qué estamos interpretando a veces para contestar de la manera que contestamos.

M. A.: Ojalá que cuando se publique este libro se consiga trasladar al texto la ondulación que experimentamos aquí entre el humor, lo serio, lo triste. Ese vaivén nos ayuda a mantenernos alertas —no veo gente dormida— y poder transitar este difícil tema.

J. B.: Las dos posiciones que vimos sobre la violencia dividen a la humanidad en posturas ideológicas diferentes. Mitad de la humanidad cree que el ser humano es dañino y perverso, que la bestia está pronta a surgir en cuanto se le cante la historia de su propia frustración, y mitad de la humanidad, un poco más *naif*, piensa que el ser humano es bondadoso, noble, generoso y solidario, y que, cuando le demos la posibilidad de no ser confrontado y reprimido, va a dejar salir lo mejor de sí. Estas dos ideas dividen a los pensadores. Sin duda, la discusión seguirá infinitamente, y cada uno tendrá que elegir su posición.

Fernando Dana (22 años, estudiante de medicina): Hace siete años que trabajo, junto con mucha gente, en un hogar para chicos de la calle. Todo esto que ustedes hablaban, de los padres alcohólicos que golpean a sus mujeres, o chicas de trece o catorce años que son violadas, genera en los chicos un montón de cosas que traen a las reuniones. Nosotros trabajamos con ellos durante tres horas todos los sábados y algunas en la semana. Vemos que los chicos durante la semana toman alcohol, se drogan; los fines de semana salen y se trompean con alguno en un boliche o con la barrita de enfrente en el barrio. Mi inquietud es: nosotros ahora les proponemos esto, los ayudamos, los educamos... ¿Qué tengo que esperar? ¿El fruto del mañana, o algo ahora? Algo que no se me ocurre, algo a lo que no le encontramos la vuelta. ¿Creen ustedes que hay algo más para hacer que no se nos ocurre?

M. A.: Lo que hacen ustedes como estudiantes de medicina también lo están llevando a cabo muchas organizaciones no gubernamentales. La prensa se ocupa de mostrar un gobierno equivocado y una sociedad sufriente, pero no pone suficiente énfasis en el denominado "tercer sector", compuesto por una cantidad considerable de organizaciones no gubernamentales (ONG), construidas por la misma sociedad en forma espontánea, en las que no existe corrupción porque no hay intereses económicos en juego, y a las cuales, con gran generosidad y vocación de servicio, la gente aporta su esfuerzo y sus ideas. Las ONG, que abarcan casi todos los campos de la actividad social y que al comienzo eran menos de cien, ahora ya cuentan más de ochenta mil en todo el país. En la medida en que vayan adquiriendo protagonismo, nuestra sociedad se volverá más armónica, moderna y progresista. Estas organizaciones funcionan sin esperar que el gobierno, como un poder mágico y omnipotente, derrame las decisiones y las soluciones. La sociedad tiene que aprender a resolver sus problemas por sí misma.

J. B.: *(A Fernando Dana)* Vos decís: ¿Qué debo hacer? ¿Esperar o buscar el resultado hoy? Y yo te digo: el resultado está sucediendo ahora; el resultado es que jóvenes como vos estén haciendo lo que hacen; el resultado es saber que en nuestra sociedad hay tipos como vos, mujeres como vos, jóvenes como vos, de 22 años, estudiantes, que están dedicando sus sábados a la tarde para trasladarles a esos chicos una posibilidad adicional. Éste es el resultado más grande, no hay otro, ¡y no hace falta más!

(APLAUSOS)

3
EL CULTO AL CUERPO

Beto Casella (coordinador): Hace poco se dio a conocer un informe según el cual la Argentina, después de los Estados Unidos e Italia, es el tercer país del mundo en cantidad de cirugías estéticas y uno de los que consumen más productos dietéticos y adelgazantes. Hay quienes dicen que el ser humano tiene todo el derecho del mundo a querer verse mejor, más lindo, más flaco; y hay quienes dicen que es una forma actual de esclavitud. ¿Quién contesta: Marcos o Jorge?

M. A.: Bueno...

J. B.: Yo, mientras Marcos habla, me voy a comer un alfajor porque me dio hambre...

(RISAS)

M. A.: ¿No les parece que la sociedad contemporánea es extremadamente neurótica, en el sentido de que nunca hubo tanta oferta de comida variada, rica y sofisticada como ahora, y al mismo tiempo nunca hubo tanto mandato de no comerla? Ocurre lo mismo que le pasaba a Sancho Panza cuando, siendo gobernador de Barataria, le ofrecían las mejores bandejas mientras le señalaban: "Esto no, esto no"...

Sin el cuerpo vivo no existe la persona. Al margen de las teologías, que hablan de la existencia del alma, cuando un cuerpo muere el alma no puede manifestarse. En consecuencia, hay que cuidar el cuerpo. Sin embargo, fíjense ustedes cómo se lo ha maltratado. Una forma de desprecio ha sido, por cierto, la tortura, que se cometió en la Argentina y que incluso fue aceptada por algunos obispos, como señaló monseñor Laguna. El cuidado del cuerpo, en Occidente, fue considerado la fuente de pecado. El cuerpo flagelado permitía que el alma obtuviera el paraíso. Cuando publiqué mi primer libro de diálogos con monseñor Laguna, me preguntaron: "¿Qué es lo que usted más admira del cristianismo?". Y a mí se me ocurrió esta respuesta: "Lo que más admiro es el misterio de la Encarnación". Porque Dios, desde su infinitud, decidió encarnarse en algo tan pequeño, tan frágil, como un cuerpo humano, y de esa manera daba un mensaje indirecto sobre lo sagrado y valioso que es el cuerpo. Sin embargo, el cristianismo, en franca contradicción con este elemento central de su teología, durante la Edad Media despreció el cuerpo, estimuló su flagelación, lo quemó a través de los autos de fe y permitió que se extendiera la tortura. ¡Qué tremenda paradoja! Antes del Concilio de Nicea, cuando se consagró el dogma de la Santísima Trinidad y la condición de Jesús como hombre verdadero y Dios verdadero, surgieron los movimientos gnósticos. Uno de ellos sostenía que, si el mundo tiene maldad y lo material es malo, Jesús, que era Dios, no pudo haber sido un hombre, pues esto implicaba aceptar que había tenido ingredientes malos. Sostenían que Jesús había sido un espejismo, una ilusión, porque era sólo espíritu. Dicho movimiento dio lugar a una serie de teorías que afirmaban que el mundo no fue creado por Dios, sino por alguien que sustituyó al Ser Supremo y lo hizo imperfecto, con la maldad que contiene, y por lo tanto el mundo no es redimible. Este argumento fue utilizado por el gran novelista Anatole France para su obra *La rebelión de los ángeles*. En fin, con estas referencias quiero señalar que la mente humana ha mostrado mucha resistencia a aceptar que el cuerpo, frágil e imperfecto, debe ser objeto de las mayores atenciones. Sólo ahora comienza a manifestarse la nueva tendencia. Pero, por supuesto, el cuidado puede corromperse en nuevos ataques, como la anorexia o el abuso de la cirugía plástica.

J. B.: La dificultad parte de que hemos mezclado dos cosas que la filosofía nos enseñó a separar: la ética y la estética. Hemos confundido lo que significa cuidar la vida con cuidar la estética, estar sanos con estar lindos, amar con seducir, y en medio de esta confusión nos hemos perdido y tomado el gran camino equivocado: creer que uno *tiene* un cuerpo. Yo creo que uno no *tiene* un cuerpo, uno *es* un cuerpo. Somos una mezcla de pensamientos, emociones, espíritu, recuerdos, historia, sentimientos, cuerpo. *Somos* esto, no *tenemos* esto. Porque cuando decimos que *tenemos* un cuerpo, lo estamos poniendo afuera de nosotros, estamos enajenándonos, descentrándonos, estamos creyendo que el cuerpo es algo que está afuera y que hay que modelar, acomodar, mejorar, solucionar, como si no fuésemos nosotros mismos. Claro, el cuerpo físico tiene sus cultores también...

Un paciente mío que trabaja en un Banco tiene un compañero que está profundamente enamorado de una chica de la misma empresa. Cada vez que la ve pasar, él se queda embobado. Entonces, mi paciente le dice:
—¡Qué la mirás, si es fea, un bagre!
Y el enamorado le contesta:
—¿No te das cuenta? ¡Ella es linda por dentro!
Y mi paciente le dice:
—Entonces que la den vuelta...
(RISAS)

Myriam Viviana Gluz (27 años, administrativa y estudiante de psicología): El culto al cuerpo es una búsqueda de la felicidad que genera mucha violencia contra uno mismo y termina siendo una adicción. Creemos que haciendo dieta y teniendo el cuerpo que la sociedad nos pide vamos a encontrar la felicidad que no encontramos en otro lado. Estoy segura de que tanta preocupación por el cuerpo oculta muchas angustias y tristezas difíciles de abordar, lo cual hace que resulte más sencillo contribuir a la industria "dietera" que trabajar sobre los problemas subyacentes. Exigimos a nuestro cuerpo y lo agredimos en lugar de cuidarlo. Pero tanta exigencia es difícil de soportar, por lo que terminamos comiendo más de lo que nuestro cuerpo necesita y caemos en la adicción a la comida, que para mí es una enfermedad. Esto se convierte en un círculo porque, al verse con exceso de peso y no responder a los "absurdos sociales", comenzamos de nuevo con la dieta.

J. B.: Les propongo no apoyarnos en los valores estéticos, y menos en una estética regida por patrones que no estamos eligiendo, una estética que nos condiciona cruelmente, que dice que si no sos casi anoréxico, si no tenés menos de treinta años, si no tenés cierta altura y si no te entra el talle 34..., no existís, no valés, o no podés. Es hora de deshacernos de la historia facilista de los resultados inmediatos, para pensar que el cuerpo tiene que acompañarnos en algo fundamental: nuestro desarrollo como seres humanos. No estoy en contra de los cuidados estéticos; estoy en contra de vivir por y para ellos. Me parece que ser admirado por el cuerpo que tengo es como poner el acento en el envase de las sardinas en vez de fijarse si están podridas.

Virginia: La falta de aceptación de nuestro cuerpo, ¿no está relacionada con la falta de aceptación de nuestros propios valores? Como si compráramos una idea de lo que deberíamos ser, en vez de pensar que somos únicos e irreproducibles. Hablo desde mi papel de docente. La evolución como seres humanos se desarrolla en nuestra primera infancia, en la educación inicial y primaria, básicamente dentro del hogar. Hoy nos encontramos con muchos casos de violencia entre niños que ingresan en el nivel primario. Quiero expresar simplemente la gran contradicción que mostramos los argentinos cuando dedicamos sólo moneditas al presupuesto educativo.

M. A.: Los argentinos mereceríamos ser inscriptos en el libro Guinness de los hechos extraordinarios, porque somos expertos en un montón de desastres, como, por ejemplo, destruir con habilidad las buenas oportunidades que hemos tenido. Hablando de presupuesto educativo, durante la presidencia de Illia el presupuesto de este rubro era del 22 por ciento, uno de los más altos de la historia argentina. Sin embargo, no se lo apreció y ese gobierno fue saboteado brutalmente hasta que lo sustituyó la dictadura "ilustrada" de Onganía, que puso en marcha un éxodo de científicos. Los argentinos vivimos desperdiciando oportunidades. Cuando las tenemos, no las valoramos.

Para que mantengamos el espíritu positivo, quisiera afirmar que actualmente en la Argentina existen posibilidades; podríamos estar mucho peor. Desde el momento en que enfrentamos grandes desafíos, debemos saber que sin duda hay oportunidades, aunque no sepamos verlas, y que es preciso que no las malogremos.

(APLAUSOS)

PUNTA DEL ESTE

[
1. AMOR... ESA PALABRA
2. VIOLENCIA FAMILIAR Y ADICCIONES

PARTICIPANTES]

Esther Buk

Roxana Glikstein

Hevia

Willy Chami

Estela Fariña

Malca Drexler

Carolina Rossi

Rafael Garfunkel

Alicia Rocatagliatta

Alfredo Mambretti

Billy Waller

Cora

Lorena

José Migali

Estela de Ferrari

Ángela Negri

Dolores

Ana Blesa

Daniela

Juan Lucas Lombardi

Silvia Fei

Lisa

Giovanna

Javier Stolovinsky

Floris Pechini

Gabriel Salón

Hugo Lamónica

Pablo

[

1
AMOR... ESA PALABRA

J. B.: Pedimos disculpas por empezar tarde. Quisimos ayudar a las chicas que controlan el acceso a la sala porque no podían convencer a la gente de que estaba llena. Se agotaron las entradas y pedimos que se redistribuya el lugar para que todos puedan entrar. Esperemos que traigan más sillas, así se acomodan los que están parados; los que no consiguen una silla pueden sentarse en el suelo, que tiene una alfombra limpia y mullida. ¡Bienvenidos, entonces! ¡¡Y qué mejor ejemplo de amor que esta desbordada respuesta de ustedes a nuestra convocatoria!!

M. A.: Para visualizar mejor el tema, recordemos que el amor no es solamente de pareja. Hay muchos tipos de amor: a los padres, a los hijos, a los amigos, a Dios, a la humanidad, a la creación...

Amor es una palabra tan gastada que hasta se la ha utilizado para realizar lo contrario de lo que significa, porque se ha matado por amor a una determinada idea: la patria, el zar... Las palabras juegan con su significado. En cierta ocasión Jorge Luis Borges comentó: "Antes creía que era ciego; ahora me he enterado de que soy *no vidente*". Hoy en día se antepone el prefijo "re" a cualquier palabra: te *re*quiero, lo *re*odio, tengo *re*hambre... Esta deformación ha llevado a que muchos vocablos pierdan su sentido verdadero. Es lo que ocurre con la palabra "amor".

Considero amor todo lo vinculado con la vida, la creación, la unión de las personas; es lo contrario al odio y la destrucción. En la actualidad, la palabra "amor" tiene más vigencia que nunca.

Para comenzar, podríamos definirlo como el interés por el bienestar y el crecimiento del ser amado.

J. B.: Totalmente de acuerdo. Tampoco creo que el amor sea (*en tono solemne, impostando la voz*) "eso que pocos consiguen sentir en la vida", ni creo que... "se ama una sola vez y para siempre", y menos aún que... "si has perdido un amor has perdido todo en la vida y ya nada tiene sentido". Detesto la idea de que amar sea "no tener que pedir nunca perdón", y todas las otras frasecitas tan repetidas; y les aclaro que a veces ni siquiera entiendo muy bien qué quieren decir todas esas estupideces. Sospecho que se difunden en aras de vendernos lo que yo llamo "las verdades incuestionables de la cultura de los señaladores de libros"... Claro que yo no tengo nada contra los señaladores; de hecho son muy útiles. Lo que no entiendo es por qué tienen que incluir idioteces y obviedades... algunas de ellas, lamento mucho decirlo, sacadas de mis propios libros... (RISAS) ...y, lo más doloroso, sin pagar derechos de autor. (MÁS RISAS).

En fin, no creo que el amor sea una cosa tan magnificente como estamos acostumbrados a pensar. En todo caso, me gusta pensar en el amor como la idea de querer mucho a alguien o algo. Nada más ni nada menos. No es una gran cosa, pero es lo que creo.

(*A un señor del público*) No va a durar mucho... Bostezá tranquilo... Falta poco... yo te entiendo... comprendí muy bien el mensaje...

(RISAS)

M. A.: Hablando de querer mucho... Ustedes conocerán la frase: "¡Ése no quiere a nadie!". Yo agregaría: ni siquiera se quiere a sí mismo.

J. B.: ¿Vos estás asociando con el que bostezó? (RISAS). Pobre, vino de toda una tarde, estuvo en la playa...

M. A.: Lo que podemos decir, ahora que hay tanto público, es que, en todo caso, el que se aburra... que se vaya en puntas de pie... así no despierta a los que están durmiendo.

(RISAS)

Esther Buk: Humberto Maturana dice que "amor" viene del griego: "a" es "sin" y "mor" es "muerte". Amor, entonces, significaría "sin muerte".

M. A.: El amor se opone a la muerte, exactamente.

J. B.: Es interesante la formación de la palabra, pero no quisiera que alguien pensara que esta etimología demuestra que el amor no muere, que dura para siempre. Para mí, no sólo se ama; también se deja de amar. Es muy doloroso, muy triste, pero es así. Lógicamente, esto es materia opinable, no se puede legislar. Pero es importante, por lo menos, establecer una posición. La poesía de Rafael de León dice:

"¿Se deja de querer?
Sí, se deja de querer,
y es como un ciego
que agita su pañuelo llorando
sin darse cuenta que el tren
hace rato que pasó".

Nada hay más triste que dejar de amar a quien uno amó, nada hay más triste que dejar de ser amado por aquel que alguna vez nos amó. Pero esto forma parte de nuestra vida. Sucede que se deja de amar y, por supuesto, se vuelve a amar, afortunadamente.

M. A.: No sólo se deja de amar. Además, el proceso de distanciamiento suele incluir el odio y el rencor, hasta llegar a la indiferencia, cuando ya ha dejado de existir el vínculo. A propósito de esto, quizá recuerden la película *Relaciones peligrosas*, basada en una famosa novela de Pierre Choderlos de Laclos, escrita en el siglo XVIII. Se trata de un intercambio de cartas entre los protagonistas: el vizconde de Valmont y madame de Merteuil. Ella era una mujer muy inteligente, precursora del movimiento feminista, hábil y observadora, que está enamorada de un conde, quien, para gran dolor de la marquesa, la abandona porque se enamora de otra mujer, más joven y bonita, pero mucho más puritana que madame de Merteuil. Ésta no puede tolerar que su ex amante disfrute ahora de una vida feliz con otra mujer, de modo que decide destruirlo mediante la humillación pública de la hermosa y casi santa dama con la que él se ha casado. Y con ese propósito acude a un tercer personaje, Valmont, un gran seductor.

A menudo se confunde amor con seducción. Hay gente que posee una extraordinaria capacidad de seducir y hace creer a sus víctimas que las ama. En realidad, los grandes seductores no aman a nadie; sólo se aman a sí mismos o, mejor dicho, aman esa habilidad de hacer que la gente caiga a sus pies.

En la novela, Valmont es convencido por la marquesa para seducir a la joven esposa de su ex amante. Le cuesta lograrlo, pero disfruta de esa conquista que avanza lentamente. Así, consigue poco a poco derribar las defensas de la muchacha, que se rinde profundamente y olvida a su marido. Pero resulta que también Valmont va enamorándose sin darse cuenta. Espoleado por Madame de Merteuil, comete lo irreparable: humilla en forma pública a esa pobre mujer, invitándola a un sitio donde él está con otra. Ella se desespera, porque creía en sus juramentos. A medida que avanza la trama, la situación se vuelve desesperante para ambos. Valmont da a conocer las cartas que le había escrito la marquesa, una mujer cruel pero muy respetada en Versalles y París por su gran señorío. La novela termina de una manera trágica, y revela claramente las vetas sádicas, complicadas, ocultas de ese amor. En suma, muestra la existencia de un amor profundo, de entrega, sincero, que puede incluso llegar a los extremos del heroísmo, pero también ese otro (falsamente) llamado amor, pero vinculado con el control, la manipulación y el resentimiento.

Roxana Glikstein: Yo tengo un problema. Es personal, pero sospecho que no soy el único que lo vive. Quizás ustedes puedan darme una punta para seguir pensando... ¿Cómo amar apasionadamente cuando la relación es sana, prolija y equilibrada? A mí me resulta imposible...

J. B.: En primera instancia, habría que diferenciar el enamoramiento del amor. Si ponemos en la bolsa todo —sexo, enamoramiento, pasión, afecto, celos, posesividad—, no se entiende nada. Estoy seguro de que el amor, aunque no me parezca una gran cosa, es incapaz de generar estas miserias. En todo caso, ocurren dentro del ámbito amoroso de la relación, y ocurren misteriosamente, pero... ¿decir que esto ocurre porque te amo?

¿Decir que en realidad te persigo, te controlo, te martirizo porque te amo? ¿Decir que quiero humillarte "porque me duele lo que me hiciste por lo mucho que te amé"? Decir esto es bastardear la idea del amor.

La novela que Marcos relató muestra claramente cómo ciertas pasiones que —digo yo— no tienen que ver con el amor, atraviesan el amor y lo transforman en una historia destructiva. Pero el amor nunca es destructivo o negativo. Habrá que investigar a la persona para ver si es capaz de sentir esas otras cosas.

M. A.: Jorge señaló algo muy importante: la diferencia entre enamoramiento y amor. El enamoramiento es el instante en el que el Yo se vacía en el otro. Enamorarse significa olvidarse de uno mismo y asumir al otro como si fuera el universo, lo único que importa. Por eso el enamoramiento no correspondido puede llevar a tragedias; no hay dolor más intenso que ése, porque el Yo se vacía. Y la única forma de mantener una situación equilibrada consiste en que la otra parte lo llene, vaciándose en uno. Es decir, que se produzca el intercambio. Pero a diferencia del enamoramiento, en el amor no hay tal vaciamiento del Yo.

Hevia: Mirá, Jorge, hay algo que quiero que me aclares. Vos decís que uno se enamora y puede volver a enamorarse de otra persona... En *El camino de la autodependencia* decís que para que haya amor hay que estar enamorada, tiene que haber un poco de comprensión... otro tanto de tolerancia y demás... sexo también... Porque, no nos engañemos, a todos nos gusta, ¿cierto?... Pero hay algo importante que aquí no están mencionando: la autodependencia en la pareja. Para mí es importantísima, porque fortalece el amor.

J. B.: Te agradezco que lo menciones, pero voy a agregar algunas cosas porque noto diferencias entre tu comentario y lo que allí digo. En principio, no creo que haya que estar enamorado para amar; me parece que amar es una cosa y estar enamorado es otra. Las pasiones y los sentimientos son dos cosas distintas. En segundo lugar, me parece que no necesariamente el sexo tiene que ver con el amor. El amor es una cosa y el sexo es otra. Un argentino, médico psiquiatra también, que se llama

Mauricio Abadi, dijo: "El sexo y el amor son dos hojas del mismo árbol; a veces están juntas, a veces una de ellas se cae y la otra permanece". Cuando el sexo y el amor van juntos el encuentro puede ser maravilloso, pero pueden no ir juntos. Uno puede amar sin tener el deseo sexual. Vos te estarás refiriendo seguramente a la pareja, donde muchas veces sucede, enhorabuena, esa conjunción. Sí coincido con vos en la idea de que el amor tiene que ver con la condición de no dependencia, y para esto hace falta renunciar a la posesividad. Pero la posesividad viene muy "propagandeada" como parte natural de la composición del amor aunque en realidad no forme parte de él.

Willy Chami: Se supone que, si en realidad te quiero, te quiero para mí. Se supone que, si vos me querés, tenés que preferir estar conmigo antes que con ninguna otra persona.

J. B.: Se supone que si me quisieras te gustaría más la pizza de ajo, lo cual, por supuesto, es una estupidez. ¡Pero se supone!

M. A.: La simbiosis suele ser negativa.

Estela Fariña: Me parece muy racional diferenciar amor y enamoramiento. Porque si la vida fluye, todo parece discutible.

J. B.: ¿Y alguna vez "fluiste" a enamorarte?

Estela Fariña: Claro.

J. B.: ¿Y alguna vez amaste?

Estela Fariña: Sí.

J. B.: ¿Y seguís de novia?

Estela Fariña: ¡No! ¡Ahora es mi marido!...

J. B.: Ahhhh... ¡Ahora entendí todo!

(RISAS)

Malca Drexler: En la exposición de Aguinis sobre *Relaciones peligrosas* el amor aparece descrito como sinónimo de cociente intelectual elevado, o una cultura elevada. No necesariamente son un conjunto. Es decir, ¿por qué el amor tiene que estar unido necesariamente al cociente intelectual o a la cultura?

M. A.: ¡Yo nunca dije eso!

J. B.: ¡Yo me habría sentido ofendido si lo hubiera dicho, así que seguro que no lo dijo!

(RISAS)

Malca Drexler: No. Me refiero a la exposición del personaje de *Relaciones peligrosas*.

J. B.: No... Era una característica del personaje, no es necesario tener cociente elevado para amar. Pero hay gente inteligente que ama también, ¡quedate tranquila!

(RISAS)

Carolina Rossi: *(A Jorge)* En el libro *Amarse con los ojos abiertos* decís que enamorarse es amar las coincidencias y amar es enamorarse de las diferencias. Yo no coincido con el final de la frase. Para mí, amar es enamorarse de las diferencias, como vos decís, pero también es enamorarse de las coincidencias.

J. B.: Bueno, la verdad es que se trata de una licencia estética... una manera de decir. Pero lo que me importa que entendamos es la diferencia entre la pasión enamoradiza, que los libros definen como un transitorio estado alterado de la conciencia, y el amor. A veces uno se enamora porque coincide tanto con el otro... Pero después empieza a notar las diferencias, y a darse cuenta de que quizá no coincida tanto. Pero no te preocupes, tomalo como una frase que intenta jugar con las palabras; no como una verdad revelada.

Rafael Garfunkel: Amor es sólo una palabra; lo que vale son las sensaciones, ya que los animales se guían justamente por las sensaciones, y vibran con los olores o los contactos. Lo más importante en el amor está cien por cien en el contacto.

J. B.: Marcos y yo, tal vez por deformación profesional, les damos mucha importancia a las definiciones y a los conceptos, desde dónde y hasta dónde llegan. Nos parece fundamental poder definir las cosas, porque sólo a partir de definirlas es posible tener manejo sobre las mismas.

Rafael Garfunkel: Según esa idea, nuestros antepasados, que no hablaban, que no tenían la palabra, nunca se enamoraban.

J. B.: Nuestros antepasados que no hablaban no tenían esta cosa humana que yo defino como una consecuencia del lenguaje. Sabemos desde nuestra especialidad que sólo se puede tener control y acabada conciencia de aquello que podemos nombrar. No podemos tener ninguna conciencia plena ni ningún manejo sobre aquellas cosas que no podemos siquiera nombrar. Ésta es mi opinión y, por supuesto, vos podés opinar diferente. Cuanto mayor es el manejo del lenguaje, mayor es la conciencia de las cosas.

M. A.: Quisiera referirme a algo que se dijo en otra charla sobre Humberto Maturana, un hombre inteligentísimo. Creo que él exageró al pensar el amor como condición exclusivamente humana. Leones, perros, gatos, si bien no tienen la capacidad de vibrar ante la palabra "amor", sí sienten amor por sus hijos.

Alicia Rocatagliatta: El amor en los animales es algo instintivo, que los humanos también tenemos; pero si a eso le sumamos la racionalidad, damos con la capacidad simbólica de las personas. Tengo la impresión de que se quiere separar, colocar el amor en lo afectivo y dejar de lado la razón. Para mí va todo junto. Además, ¿a qué tipo de amor nos estamos refiriendo? ¿Al amor filial? ¿Al amor de pareja? Son distintos estratos o niveles. Sobre el amor de pareja, vos, Jorge, diferenciaste sexo y amor. Claro que podemos tener sexo sin amor, ya sea por atracción física o una cuestión de piel, pero es difícil pensar en una pareja que pueda tener amor sin sexo... sobre todo entre gente medianamente joven.

J. B.: *(A Alicia Rocatagliatta)* Primero, yo no creo que existan los tipos de amor que vos das por sentado que existen. Creo que cada uno ama a su manera y que la diferencia está en los vínculos. Te voy a contar un secreto si tenés... más de cuarenta años...

Alicia Rocatagliatta: Sí...

J. B.: Este asunto de los tipos de amor lo inventó nuestra generación; no existía antes, te aviso.

Alicia Rocatagliatta: A lo mejor fue evolutivo.

J. B.: No, en absoluto. Tiene una razón de ser y la voy a explicar, sobre todo para los jóvenes que suponen que hay tipos de amor. Cuando yo tenía 16 ó 17 años me gustaba Graciela, que era preciosa y maravillosa. Pero Graciela en realidad estaba enamoradísima de Pedro... que era buen mozo, tostado, tenía el pelo medio matizado, auto y saco blanco... (MÁS RISAS) ... Así, cuando los Jorges del mundo les decían: "Qué linda que sos, ¿querés ser mi novia?", las Gracielas del mundo todas al unísono inventaron la respuesta: "Noooo... Yo te quiero como amigo"... (RISAS) Y eso significaba: "No, pero ya que estás haceme gancho con Pedro"... (MÁS RISAS)

Cuando viene una mujer a mi consultorio (porque generalmente son las mujeres las que hacen este planteo) y me dice: "Porque yo... a mi marido... lo quiero como persona", yo le pregunto: ¿Antes como lo querías? ¡¿Cómo placard?! (RISAS). Y entonces yo supongo que lo que me quiere decir es que no quiere tener más sexo con él. Pero... ¿por qué llamar "te quiero como persona" a no querer tener más sexo con alguien?

(A Alicia Rocatagliatta) No coincido con vos en el tema del sexo y el amor; me parece que para que una pareja funcione seguramente tendrá que haber relación sexual, pero esto no quiere decir que vengan juntos. Cuando alguna de las dos hojas se cae, la pareja se cae también, es cierto, pero no por ello se trata de la misma emoción.

Por último, coincido con vos en que no se puede comparar lo instintivo con lo vivencial humano. Me parece que Marcos hablaba de una cosa metafórica, no de trasladar a los animales el amor con sentido humano.

M. A.: Así es. Además, la mente humana es acumulativa. Lo que ha sucedido en las generaciones pasadas de la zoología constituye una memoria que también tenemos, aunque no nos demos cuenta de ello, y a medida que crecemos vamos incorporando todo: lo simbólico, lo racional, etcétera. Por esta razón el amor humano es mucho más sutil que el amor animal; es un amor atravesado por una gran cantidad de experiencias, vivencias y enriquecimientos que, felizmente, lo tornan complejo. Digo "felizmente" porque así uno tiene tema para escribir novelas... Una novela sin una historia de amor no es una novela.

(RISAS)

Alfredo Mambretti: Mi pregunta, Jorge, tiene que ver con tu amigo Pedro, el del saco blanco... ¿Seguiste la historia de ese tipo? Porque, en general, los Pedros de saco blanco no pueden profundizar la vida como quizá la profundizaste vos en aquel momento. Seguramente Pedro engordó, tuvo que empezar a hacer análisis y sufre problemas de próstata...

J. B.: No te voy a decir que te cases conmigo, porque ya estoy casado...

(RISAS)

Billy Waller: Se habló mucho del amor... por momentos se lo acercó al instinto, a la cosa territorial, lo posesivo... Si eliminamos todas estas cosas que pueden ser dudosas, ¿qué pasa con la decisión más unilateral de amar?

J. B.: Para mí el amor es, nada más y nada menos, que mi genuino interés en tu bienestar. Y no es imprescindible que sea recíproco.

Cora (49 años, secretaria): ¿Amor es, por ejemplo, lo que hace María Teresa de Calcuta?

J. B.: Para mí... sí. Amor, liso y llano amor. Indiscriminado e incondicional, además. Pero bueno, no todos podemos ser la Madre Teresa de Calcuta. Para mí el amor es que me importe muchísimo alguien, sea mi esposa, mi amigo, mi padre, mi tío, mi vecino, mi perro, la humanidad, la ciudad o el país...

M. A.: El amor sólo se da cuando existe un vínculo, incluso con el otro que somos nosotros mismos. Ese otro también puede ser la patria, los ideales, los valores...

Lorena (24 años): Jorge, vos al principio dijiste que el amor no es magnificente. Para mí el amor puede ser magnificente una vez que ya lo conociste. Por ejemplo, una vez que conocí el amor de mis padres, de chiquita, ya no pude vivir sin él. Y el día de mañana, cuando no los tenga a ellos, voy a vivir con el recuerdo del amor de mis padres.

J. B.: La relación con los hijos es una excepción, así que tu ejemplo no es bueno. De todas maneras, entiendo adónde apuntás. Cuando dije "magnificente" quise decir que no necesariamente el amor es para alquilar ventanas. A veces sí y a veces no. Pero tu testimonio es igualmente válido. Si para vos es así... Es más, ojalá te dure la idea. Sería maravilloso.

José Migali: Yo quiero preguntarle a Jorge si le interesaría conocer cómo definía Jorge Luis Borges el enamoramiento...

J. B.: Por favor...

José Migali: Bueno, a mí también me interesaría... Yo no lo sé. Era un chiste.

(RISAS)

J. B.: Perdoname; acá el único que puede hacer chistes soy yo... (RISAS) Hemos llegado a un acuerdo con Marcos sobre esto; no vengas a vulnerarlo así como así...

José Migali: No, en serio. Quería citar a Borges porque tiene una frase que me parece muy buena. Dice que estar enamorado es darse cuenta de que otra persona es única.

J. B.: No estoy de acuerdo. (RISAS) Pero... me parece bien.

José Migali: ¿Por qué no estás de acuerdo?

J. B.: En principio, porque cuando uno está enamorado ve en el otro lo que uno quiere ver; entonces no es ni único ni no único. Y menos aún estoy de acuerdo con que estando enamorado uno se dé cuenta de algo, más bien no se da cuenta de nada. Y lo más terrible es que, cuando pasa la etapa del enamoramiento (los que me conocen saben que para mí este estado dura entre tres minutos y tres meses), si me olvido de que estar enamorado era una experiencia imaginaria, puedo llegar a mirar al otro y decirle: "¡Cómo cambiaste!". (RISAS) Y no es que cambiaste; es que nunca fuiste. En definitiva, tal vez amar signifique darse cuenta de la unicidad del otro. Tal vez desde ahí podamos rescatar al Maestro...

M. A.: En este "peloteo" no se advirtió algo. Quizá Jorge, que mecha muy bien con humor lo que va diciendo, no aclaró un punto: no todos los amores terminan pronto; hay amores que duran. Ocurre que, a lo largo del tiempo, los amores duraderos van centrando en distintas cosas la fuente que los nutre. Un amor pudo haber nacido como una pasión sexual muy intensa, a la que luego se agregaron otros elementos, como solidaridad, ayuda, comprensión, interlocución, los hijos, desgracias, alegrías o creaciones compartidas. Tal diversidad alimenta al amor y conduce a que muchas parejas sean felices a lo largo de toda una vida. No representan excepciones; esos amores existen.

J. B.: Estoy de acuerdo. Lo que yo decía que no duraba era la pasión enamoradiza, no el amor, que así como puede no durar también puede durar toda la vida.

Cora: ¿El amor de pareja es más importante que el amor al prójimo? Porque se habló casi exclusivamente de pareja...

J. B.: No; a veces la pareja es como si fuera un prójimo, también... (RISAS) No hay amores más importantes que otros. Lo que hay que tener en cuenta es la capacidad de amar, investigarla y explorarla en uno mismo. Después... en quién, o para quién, o en cuántos o en cómo, será el tema siguiente. Cada uno decidirá si es capaz de sostener un amor para siempre, cada uno decidirá si prefiere la historia de la pasión enamoradiza o el amor, cada uno tomará sus propias decisiones. Por lo menos para mí y para mi vida, yo prefiero el amor y no la pasión enamoradiza. A mí no me gusta la idea de estar "perdidamente enamorado", porque no me gusta la idea de perderme, de caer, sino la idea de elevarme en el amor y encontrarme amándote. Tampoco me gusta la idea de "sos todo para mí", porque no me gusta la idea de "ser todo para vos", y porque la posesión me parece enemiga del amor.

M. A.: Se mencionó el amor al prójimo. Los presentes recordarán la frase bíblica señalada en el Antiguo y el Nuevo Testamento: "Amad a tu prójimo como a ti mismo". Esta frase, ¿es realista? La predicaron hasta los inquisidores... Entonces, ¿es posible amar al prójimo, a un desconocido, a alguien que nos ha hecho daño o hace daño a nuestros seres queridos? Mi respuesta es que no. El mandato bíblico señala un ideal. Quizá, cuando la humanidad alcance sus niveles de espiritualidad más elevados, el individuo pueda amar a su prójimo como a sí mismo. Sin embargo, el mandato realista que sí debemos poner en práctica es el de respetar al prójimo como a nosotros mismos.

(APLAUSOS)

Estela de Ferrari: La frase que para mí sintetiza el tema del amor es: "No son mis amores aquellos que sólo de palabra aman". Lo fundamental es el compromiso. Quería saber, Marcos, qué opina usted de Sófocles y de esta frase.

M. A.: Sófocles fue un extraordinario dramaturgo; ha logrado verter, en obras de teatro que siguen vigentes al cabo de 2.500 años, los más importantes mitos de la humanidad. Coincido con él en cuanto a la necesidad del compromiso. Pero éste se da en forma espontánea. ¿Qué compromiso podemos pretender para alguien que realmente no ama? Es cierto que el amor de palabra a veces puede ser falso, como lo es la palabra del seductor, del que persigue otro interés. Un amor de ese tipo no permite la confianza. El compromiso se da sólo cuando amamos; viene por añadidura. Ahora bien, nadie puede *exigir* ser querido; quizá sea posible *conseguir* ser querido, con suerte.

J. B.: Asocio... ¿Sabés que hoy está de moda la psicología animal? Hay terapeutas de animales, ustedes deben saberlo.

M. A.: Etología.

J. B.: Exacto. Les voy a contar una historia...

Cuentan que había una vaca que no daba leche. Llaman a distintos expertos en ordeñar vacas, con distintas teorías, máquinas y formas: con la mano para arriba... con la mano para abajo... con el guante más suave... con esto y lo otro. Pero la vaca sigue sin dar leche. Entonces deciden llamar a un terapeuta de vacas. El hombre llega, le cuentan la situación y dice:

—Por favor, ¿quién es la persona que suele ordeñar la vaca?

—Yo —dice uno.

—Póngase ahí, por favor, debajo de las ubres, como para ordeñarla normalmente...

El terapeuta se acerca a la vaca, le levanta una oreja y le dice algo en voz baja. A una señal, el otro comienza a ordeñarla y la leche empieza a fluir... La gente aplaude al psicólogo, que se va vitoreado, con los baldes llenos de leche. Un momento después, cuando se quedan solos, el caballo le pregunta a la vaca:

—Che, ¿qué pasó que no dabas leche y ahora viene este tipo, te dice no sé qué y te ponés a dar?

—Y... es que ya estoy podrida —dice la vaca—, ¡todo el mundo me toca las tetas pero nadie me habla de amor!

(RISAS Y APLAUSOS)

El compromiso no es sólo de palabra, sin duda. Yo obviaría seguramente a alguien que me dijera todo el día que me quiere y que no estuviera comprometido conmigo. Sin embargo, contrariando a Sófocles quizás —con perdón—, yo digo: de aquellas personas a las cuales amo, a mis oídos les encanta escuchar cuando me dicen que me quieren.

Ángela Negri (23 años): No sé, estoy un poco escéptica con todo esto. Me parece utópico lo que están diciendo, porque no sé si fueron las experiencias mías o qué, pero el tema del enamoramiento y el amor, que dura tres meses, no sé si es producto de la sociedad o de la gente de mi edad. Dura muy poco, después se cae, cada uno mira su ombligo y todo es muy individualista. Quería saber qué opinan de esto, cómo hay que hacer para mantenerlo más tiempo. Yo veo que la gente de mi edad está cada vez más sola y le cuesta mucho comunicarse.

J. B.: Claro, Ángela, yo entiendo lo que decís. Pero repito: lo que dura entre tres minutos y tres meses es la pasión, no el amor. Si "compramos" la idea de vivir apasionados nos va a pasar eso que vos contás, porque cuando la pasión se termina no queda nada, vamos a despreciar las relaciones. Te explico lo que pasa con la pasión y con los sentimientos. La pasión es muy intensa, pero no tiene profundidad. El sentimiento es profundo, pero no tiene aquella intensidad. En un mundo como en el que vivimos, repleto de estímulos intensos, la búsqueda de la intensidad de la pasión hace que despreciemos la profundidad del sentimiento. Entonces, lo que te vuelve escéptica —y nos vuelve escépticos— es pensar que la pasión enamoradiza puede o tiene que durar para siempre, cosa que no sucede. Muchos jóvenes están todo el tiempo corriendo detrás del enamoramiento en lugar de buscar encontrarse con el amor. En definitiva, la búsqueda de la pasión permanente impide que el amor crezca, se construya, suceda, transcurra, perdure, trascienda. Esta idea del amor trascendente es el cambio de la intensidad por la profundidad. Éste es el desafío. Cuidado: no estoy diciendo que sacrifiquemos para siempre la intensidad, pero sí que aceptemos que la intensidad va y viene, que no existe como algo permanente. Porque si buscamos la intensidad ininterrumpida, ni siquiera llegaremos a vivir la intensidad provisoria, que es maravillosa, sobre todo cuando se instala entre dos que se aman. Y si estamos hablando de esto hoy, también es para que vos, y mucha gente de tu edad, escuche esta propuesta. La propuesta no es: "no se enamoren", sino: "no quieran vivir enamorados, porque van a perderse la posibilidad de vivir amando". Vivan en el amor, no en el enamoramiento. Propongo abandonar la idea del vaciamiento en el otro como única forma de llegar al amor. Ni es imprescindible vivir la loca pasión enamoradiza ni es probable vivirla durante mucho tiempo. Lo que importa es ser capaz de *ver al otro*, no sólo mi pretensión, mi deseo, mi necesidad.

M. A.: (*A Ángela Negri*) Tu intervención señala la confusión que genera el tema. Vos empezaste diciendo que estabas escéptica o decepcionada por lo que nosotros decíamos, y te presté mucha atención porque quería escuchar cuál era la observación que pudiera ajustar o corregir mi andamiaje teórico. Pero después mencionaste que, en tu experiencia, te sentís decepcionada porque notás que los amores que has vivido no han sido duraderos. Aquí estamos hablando de una experiencia que nosotros queremos corregir, precisamente porque en nuestro tiempo se ha producido una aceleración en el ritmo de vida, un apuro por llegar no se sabe adónde, y para eso corremos, y también corremos en el tema del amor, sin advertir que la pasión que buscamos a veces se inspira en películas, en novelas, en sueños, y no existe en la realidad, por mucho que se pretenda encontrarla.

Cuando yo era chico y comenzaba a dibujar (en una época pretendía ser al mismo tiempo escritor, pianista y dibujante), solía delinear el rostro que, según creía, iba a tener la mujer de la cual iba a enamorarme. Confeccionaba rostros siempre distintos; estaba a la búsqueda. En ese momento —cuando todavía era muy inmaduro, por cierto— creía que esos rasgos definirían a la mujer de mi amor. Algo parecido sucede con el llamado "flechazo" o "amor a primera vista": vemos un rostro, el que hemos ido construyendo interiormente, y decimos: "¡Ése es!", pero resulta que nos equivocamos, porque responde a una fantasía, no a la realidad.

Hay que apostar a un conocimiento más profundo, a una relación nutrida por diversas fuentes, como mencioné antes. Tal diversidad permite que una pareja funcione bien. No se trata de una sola cosa, sino de muchas. Y si bien a veces unas son más potentes que otras, el conjunto va conformando un promedio que permite a la pareja sentirse cada vez más consolidada y feliz.

2
VIOLENCIA FAMILIAR Y ADICCIONES

Dolores: ¿Estamos entrando en un siglo más violento? Si miramos lo que pasa en África, la tortura china es un coro de ángeles. ¿Qué armas tenemos desde lo básico, que es el hogar?

M. A.: Tenemos la impresión de que este mundo es más violento, pero indiscutiblemente el mundo fue violento desde sus comienzos. Para corroborarlo basta revisar cualquier capítulo de la historia. La fotografía documenta hechos recientes, pero no tenemos fotos de las Cruzadas, por ejemplo, para saber cómo era la violencia de entonces. Si bien la violencia se ha acrecentado porque ha aumentado la cantidad de escenarios y de habitantes, nunca como ahora han habido tantas organizaciones de Derechos Humanos. Mi opinión es que estamos mejor, porque tenemos nuevos instrumentos a favor del bien.

Ahora, ¿cuán eficaces son estos instrumentos? Muchos organismos internacionales son ineficientes, sea porque la burocracia frustra las acciones, porque las coimas intermedias disminuyen los recursos o porque existen intereses políticos. Por otro lado, hoy en día vemos con claridad cómo una manera fácil de disponer de carne de cañón —es decir, personas que cometan actos de violencia— consiste en utilizar a los jóvenes y los niños, que son maleables y a quienes desde pequeños se les enseña a odiar, a portar armas. ¿Qué hacen los niños en los frentes de Colombia o Afganistán? Contra esto no hay suficiente reacción en el mundo, un repudio universal lo bastante intenso.

En suma, aunque la violencia siga existiendo, estamos mejor que antes.

Con este enfoque entramos en el segundo tema de la charla. Si se pretende que un alumno no ataque a un docente, hay que empezar por ver qué pasó en su hogar. La educación pública ha resuelto grandes problemas, pero también ha presentado el inconveniente de que los padres crean que todo está a cargo del docente. No se ocupan de lo que deberían ocuparse, aun sabiendo que la primera y principal escuela es el hogar, donde no solamente hay que dar consejos, sino ejemplos.

Ana Blesa (61 años, psicóloga social, escritora): Habría que hacer una revisión del significado de la palabra "violencia". Porque hasta en lugares como un pueblo aparentemente pequeño y tranquilo surge también otro tipo de violencia, como la negación del derecho a la salud, a la educación o a la vida. Por otro lado, pienso en las adicciones, en la violencia asociada con las drogas, que son un negocio tan grande... O la guerra. De estos negocios se vive. ¿Alguna vez se podrán solucionar?

J. B.: Depende de nuestra urgencia. ¿Cómo hacemos para darle de comer a toda la gente que trabaja traficando drogas o en las fábricas de armas? En lo inmediato, posiblemente yo no lo sepa, pero puedo arriesgar: hace falta educación y destinar presupuesto para esto. Como en otros casos, nos hemos acomodado a la situación, pero no estamos cómodos. Va a ser incómodo sacar a toda la gente de ese lugar, ingeniarnos para hacer otras cosas que no sean el tráfico de drogas, la venta de armas u otros negocios de esta clase. Seguramente va a ser incómodo, pero estaremos más cómodos después. Ésta es la inversión a largo plazo. A corto plazo no hay salida, pero ése no es un justificativo. Para mí hay que trabajar sobre la delincuencia en la Argentina, la que nos genera el temor de salir a la calle, la que nos hace poner rejas en nuestra casa, cerrar el auto, sacar el pasacasetes o andar con cuidado a la noche. Es terrible vivir así, indudablemente. Entonces reclamamos leyes más duras, más policía en la calle y jueces más estrictos... ¿verdad? Yo no creo que ésta sea la solución. ¿Es la solución del cuidado de las plazas poner rejas alrededor para que nadie tire basura? No; la solución es la conciencia plena de cada una de las personas de cuidar esa plaza. Esto es educación. La educación no corrige la delincuencia de aquí a la semana que viene, y por lo tanto no trae votos. El 84 por ciento de los presos de todas las cárceles del mundo son semianalfabetos. Esto quiere decir que el acento tiene que ponerse ahí. ¿Más presupuesto para seguridad? Bárbaro. ¿Más presupuesto para judiciales? De acuerdo. ¿Pero qué pasa con el presupuesto educativo?

(APLAUSOS)

M. A.: Muchos maestros tienen que soportar agresiones de chicos que van armados a la escuela. A veces, por estar mal remunerados, no disponen de tiempo para actualizar sus conocimientos ni para atender a los chicos con suficiente amor. De manera que esto abarca connotaciones muy amplias. Hemos tocado el tema de las drogas. Se sabe que hasta la década del 90 nuestro país era una vía de tránsito y que los casos locales constituían excepciones. Las drogas han entrado con gran fuerza en la Argentina; el consumo es elevado, y muchos de los actos de violencia que experimentamos son tan absurdos —cometidos por delicuentes que no sólo roban sino que después matan con total insensibilidad— que resulta evidente en ellos la influencia de ciertas drogas.

Drogas no son sólo la cocaína o la heroína. También hay otras formas de drogarse; por ejemplo, con psicofármacos. Asimismo debemos considerar el alcoholismo, que no es un problema menor en nuestro país. Hay personas que utilizan las drogas para huir o para destruirse, y quien huye y se destruye carece de amor, algo que le llene el alma, que dé sentido y justificativo a su vida. Desde luego que la educación llevará a que la sociedad argentina mejore, pero además de la educación es preciso incorporar amor y solidaridad. La familia debe ser la primera de todas las escuelas.

J. B.: Esto puede parecer un aviso, pero igual me parece muy pertinente. Si les interesa el proyecto del que habla Marcos, lean su libro *Los iluminados*[13].

M. A.: Para ese libro realicé una investigación que revela cómo los grandes males que padecemos encuentran en el nar-

---

[13] Op. cit.

cotráfico una de sus causas principales, asociado a otra cantidad de delitos y corrupciones. Aquí hemos tenido una especie de coctelera de corrupción, drogas, frivolidad, farándula, impunidad, que sin duda produjo el resultado que estamos sufriendo ahora. La Argentina, insólitamente, es uno de los pocos países de Occidente que no crece; ha quedado como empantanada en una serie de densos problemas que se potencian entre sí y nos impiden encontrar esa lucecita de la que habló el cardenal Samoré. La violencia, la desesperación y la irracionalidad no van a sacarnos adelante. Hemos sido y somos un pueblo imaginativo, que en recursos humanos superamos a todos los otros países de América latina, lo cual constituye una extraordinaria paradoja.

J. B.: Éste es uno de los motivos de chistes de argentinos que se cuentan en el mundo. Habernos sabido con más recursos, haber transitado espacios de mayor culturización en algún momento nos hizo perder de vista el rumbo y subirnos a cierta historia de vanidad y soberbia, que nos condujo a despreciar aquellos recursos y pensar que podíamos llevarnos el mundo por delante. Me refiero sobre todo a los porteños, esa especie siniestra de individuos que siempre se creen más inteligentes, hábiles y vivos que los demás. Hemos vivido fabricando chistes de gallegos y hoy vemos que el proceso español tiene una capacidad de desarrollo tal que muchos argentinos "piolas" están pensando en vivir allí. La historia de nuestra superioridad es una gran trampa.

Daniela (26 años, estudiante de psicología, de Maldonado, Uruguay): Soy casada, tengo dos hijas, una de 7 años y otra de 1. ¿Cómo describirían ustedes la violencia familiar y doméstica?

M. A.: La violencia es ubicua y se infiltra en todas las relaciones humanas. Existe violencia de hijos hacia padres, de padres hacia hijos, entre hermanos, entre docentes y alumnos, en la relación de la ciudadanía con el gobierno. Hay violencia en todos los niveles y, como dije al principio, está vinculada con la falta de amor. En otra charla de este ciclo, vos, Jorge, describiste un mecanismo que a veces ponemos en marcha las personas cuando intentamos ser queridos por alguien. Me parece interesante relacionarlo en esta oportunidad con la violencia entre las personas.

J. B.: Bien. Siempre digo que, cuando alguien necesita que otro lo ame, a veces desarrolla un mecanismo que consiste en intentar que el otro lo necesite; luego, si no lo consigue, intentará que el otro le tenga lástima; si tampoco consigue esto, tratará de que lo odie; y finalmente, si no ha conseguido ni siquiera ser odiado, intentará que el otro le tenga miedo. Y para esto, quizá, la única manera sea la violencia. No para justificar su accionar, sino sólo para comprender lo que pasa, pensemos en los grupos violentos que circulan por el mundo. Cuando un grupo, una familia, un país, no consiguen ni siquiera ser odiados, entonces tratan de que les tengan miedo. ¿Qué cosa no harían con tal de que no les sean indiferentes? Pensemos en grupos de jóvenes que tienen diecisiete o veinte años, que vienen de casas donde no han recibido ni siquiera un poquito de esto que nosotros llamamos el amor familiar. Han tratado de ser queridos, han tratado de ser necesarios para la sociedad en la que viven, han tratado que aunque sea la sociedad se apiade de ellos y tampoco lo consiguieron; han tratado de protestar y que nos enojemos con ellos, y los hemos ignorado. Es decir, no han conseguido llamar la atención; y hoy están ocupándose de tratar de ser temidos.

Entender de dónde viene la violencia es una manera de ver que quizá no sea una consecuencia de aquella esencia maligna del ser humano, sino una respuesta a la falta de amor.

Juan Lucas Lombardi (13 años): Soy el hijo de Juan, el hombre que hizo la primera pregunta en la charla de Rosario. Jorge, los problemas en la pareja, en la familia o incluso en la sociedad misma, ¿no serían la causa básica para la "creación" de ladrones, asesinos y demás? ¿No es éste el verdadero detonante? Si es así, pregunto, dado que creo que es la mayor causa: ¿La sociedad misma "crea" a las personas a las que tanto les teme? Y segunda pregunta: después de lograr la meta de ser temido, ¿qué sucede? ¿La persona se da cuenta de que ya alcanzó esta meta y trata de alcanzar otra, dejando atrás ésta, dejando de ser ladrón, asesino, etcétera?

J. B.: ¡Sí y no! La sociedad seguirá creando estos monstruos hasta que evolucione, y los hombres seguirán generando temor hasta saberse verdaderamente amados, porque el temor es un sustituto... pero no un buen remedio.

Silvia Fei: La violencia, así como el amor y otras cualidades humanas, ¿no son inherentes a nosotros? Las podemos dominar por medio de la educación. Pienso en los bebés, que son la ingenuidad y la pureza máxima del ser humano... ¿por qué de pronto un hermanito de dos años ve al bebé y, sin que haya hecho nada, va y le pega?

J. B.: Como expliqué antes, la violencia forma parte de la filosofía de la humanidad, así que depende de lo que cada uno crea. Yo ya di mi opinión sobre este asunto y voy a ser breve: para mí, no hay violencia inherente al ser humano. Toda la violencia que puedas encontrar es generada desde afuera, consciente o inconscientemente, a propósito o sin querer, dándose cuenta o no dándose cuenta, por imitación o por generación. No tiene nada que ver con lo innatamente destructivo o dañoso del ser humano. Respecto del nene con su hermanito, en realidad esas actitudes tienen que ver con una exploración, un aprendizaje o una copia de un modelo, no con algo innatamente malo que salga de él. Esta es mi opinión, y como tal es opinable...

M. A.: Tan opinable es, que yo opino lo contrario... (RISAS). La de Jorge es una opinión muy rousseauniana; yo creo que sí hay elementos innatos de la violencia, pero a los fines prácticos, lo que importa es que puede ser controlada. Teóricamente, bueno, nos divertiremos discutiendo... Quiero ilustrar esta idea con la famosa frase de Hobbes: "El hombre es el lobo del hombre". Yo diría que el lobo se queda corto comparado con el hombre. Porque el lobo, cuando hiere a su adversario, cesa la lucha. En cambio, cuando el hombre hiere a su adversario, sigue la lucha hasta que lo mata, lo descuartiza, y después calumnia su memoria. Es decir, la crueldad del hombre supera largamente a la del lobo.

Lisa: ¿Hay una cuestión de género? ¿Es más violento el hombre que la mujer, o viceversa?

M. A.: La mujer y el hombre son igualmente violentos e igualmente amorosos; depende de la posibilidad que tengan. Hace un tiempo se decía que, si el mundo estuviera gobernado por mujeres, andaría mejor y no habría guerras. Ya existen mujeres presidentas, primeras ministras, secretarias de Estado, y el mundo no anda mucho mejor por eso. Creo que el hombre y la mujer son iguales, excepto la pequeña y maravillosa diferencia... Mujeres y hombres pueden desempeñar las mismas tareas con idéntica energía, pero la discriminación, que sigue vigente, aún no permite a la mujer realizarse en plenitud.

Lisa: Sin embargo, hay más hombres golpeadores que mujeres golpeadoras...

Roxana Glikstein: Y también hay hombres y mujeres que ejercen la violencia pegando de otra manera, con la descalificación, por ejemplo...

Giovanna: Cuando venimos a este mundo, más allá de la genética, caemos en una familia... Los secretos, las mentiras familiares, ¿no son también una forma de violencia? Romper esos silencios, esas mentiras, ¿no es una forma también de amor, de respeto y de libertad para que nuestros hijos sean más sanos?

J. B.: Ojalá podamos romper con esta violencia de las cosas que no se hablan, de aquella historia de cuando nosotros éramos chicos, que nuestros padres creían que era mejor para nosotros protegernos de algunas verdades... Ya no es así.

Javier Stolovinsky: Una pregunta que nos hacemos muchos jóvenes es: ¿cuáles son los modelos a seguir? Cuando éramos chicos pensábamos solamente en el amor, pero cuando vamos creciendo observamos que nuestros padres, o gente que lleva diez o quince años de matrimonio, si bien terminan en el amor, no terminan bien; terminan mal, con violencia; no solamente física sino con cuestiones legales, agresión... Los jóvenes todavía tenemos muchas ilusiones, pensamos en casarnos para toda la vida... Es cierto que el enamoramiento dura poco y después viene el amor. Pero ¿después qué pasa? Hay un montón de cosas en el entorno que nos perjudican. Vemos que hay amor pero que también hay mucho de lo otro... A los jóvenes nos falta un referente en el amor.

M. A.: Acabás de señalar indirectamente dos elementos

fundamentales que nos hacen mucha falta: ejemplaridad y responsabilidad. La juventud necesita los modelos, la ejemplaridad. Ésta no sólo se recibe de la familia sino también de la docencia, de los dirigentes en todos los niveles, sociales, religiosos y políticos. La responsabilidad, desde luego, es algo que debe cultivarse desde la infancia. En nuestros países ha habido una moda, desde hace años, de quitar responsabilidad. Se ha olvidado que es necesario poner límites, saber qué se puede hacer y qué no, saber que cuando uno se comporta mal hay sanción y cuando se comporta bien hay premio. Muchos padres, en la creencia de que favorecen a sus hijos o porque se lavan las manos, prefieren no poner límites, no cultivar la responsabilidad. Esta falta promueve un clima de violencia donde el elemento faltante es el amor. Los padres que aman bien a sus hijos sufren al ponerles límites, pero no por ello dejan de hacerlo. Cuando los padres no ponen límites, optando por la comodidad y la irresponsabilidad, perjudican a sus hijos.

Floris Pecheni: Al comienzo alguien preguntó si este siglo era más violento que los anteriores, y Marcos comentó que en la actualidad la información nos llega con mayor facilidad. Algunos pensadores consideran que ese "exceso" de información, ese regodeo en la violencia por parte de los medios, termina por producir una suerte de anestesia en la reacción de las personas, que finalmente hacen *zapping* porque dicen "otra vez lo mismo".

Gabriel Salón: Hay un aspecto que ustedes no han contemplado, y es que son los hacedores de violencia los que legitiman la violencia. Marcos rozó el tema cuando habló de Hobbes, porque a su manera fue un hacedor de violencia que dio paso a legitimar toda una serie de ideas sobre ella. Muchos pensadores tomaron de Hobbes el costado dictatorial de su filosofía. Con Rousseau pasó lo mismo. Y hoy, estos hacedores y legitimadores de violencia son los medios, que penetran en las casas. Como padres enfrentamos este problema todos los días. Quisiera que se refirieran a este tema.

J. B.: Los pensadores, al menos en la forma en que vos lo mencionás, no son generadores de violencia. Hobbes, con quien yo no acuerdo casi en nada, se ocupó toda su vida de escribir un libro, *Leviatán*, tendiente a ver cómo controlar la violencia que él decía que tenía el ser humano. Así que, Hobbes no era un tipo violento... ¡Todo lo contrario! Y pensar que Rousseau era un tipo violento... La verdad... Se puede hacer apología de la violencia utilizando a cualquier pensador; Martin Luther King fue utilizado como argumento de violencia, y nadie menos violento que este reformador religioso. Así que la violencia no tiene tanto que ver con quien dice las cosas sino con quien usa las ideas. Tenemos que ser cautelosos con esta diferencia; no podemos seguir pensando que son los demás los que tienen que dejar de ser pesimistas para que yo me vuelva optimista.

Hugo Lamónica: Marcos, sobre los hijos, ¿qué corresponde hacer primero? ¿Poner los límites o buscar el equilibrio? A vos, Jorge, quiero preguntarte si tu visión del enamoramiento no es una manera de protegerse del dolor, de ayudar a aguantar la caída, y si con esto no estamos perdiendo las utopías.

J. B.: Acerca de la pérdida de las utopías, yo te digo: estoy cambiándote una utopía imposible por una realidad maravillosa. Si ése es el cambio, yo compro, y espero que vos también.

M. A.: Equilibrio o límites... En rigor, no puede lograrse el equilibrio si no se ponen los límites. No confundamos, porque las palabras pueden marear. ¿Equilibrio de qué? ¿El de la relación de los padres con los hijos? El equilibrio existe cuando los padres son padres y los hijos son hijos. Los hijos siguen admirando a los padres porque éstos actúan con criterio y responsabilidad. A medida que va pasando el tiempo, los hijos aprecian la actitud de los padres que les han puesto límites; se desarrollan mucho más sanos, tomando conciencia, en su propio hogar, de cómo va a ser el mundo en el que van a vivir.

J. B.: Quisiera agregar que poner un límite no significa ser violento con los hijos. La línea pedagógica de hoy es "firmeza más afecto". Cualquiera de las dos cosas sin la otra no sirve.

Luis Pérez: Me interesa el tema de la adicción. ¿Consideran ustedes que todas las personas que consumen drogas son adictas?

J. B.: La adicción es mucho más que un tema de drogas; hay que pensarlo en plural: las adicciones. Hombres y mujeres tenemos tendencia a enredarnos en muchos hábitos que podrían llegar a transformarse en una adicción. Uno puede volverse adicto casi a cualquier cosa: al trabajo, al sexo, a la aprobación del afuera, al dinero, al césped o a la aspirina. Insisto, uno puede volverse adicto casi a cualquier cosa, menos a la comida... (RISAS) ...digo, incluso a la comida, como puede volverse adicto a dejar de comer, también. Esta actitud tiene que ver con lo que en psicología se llama "personalidad adictiva". Hay personalidades más adictivas que otras. Algunos tenemos cierta tendencia a volvernos adictos con más facilidad que otros, y tendremos que tener, seguramente, un poco más de cuidado.

Entre las adicciones, la que más preocupa es la adicción a las drogas, llamada drogadicción o drogodependencia. La dependencia a las drogas, en el mundo en que vivimos, es bastante complicada; y en las sociedades industriales y civiles urbanas tiene números que son aterradores. Los datos que yo tengo son los siguientes. Como mínimo, 25 por ciento de los jóvenes que tiene hoy más de 13 años va a probar algún tipo de droga en algún momento de su vida; 7 por ciento de los que prueban droga quedan enredados en una adicción. Estos números, son graves, son peligrosos, son dramáticos y son para actuar, verdaderamente.

M. A.: Sobre este problema tampoco había conversado con Jorge, de modo que sentía curiosidad sobre lo que él podría opinar. Muchos temas, incluso el de la adicción, se analizan gráficamente en tres franjas en forma de "H" apaisada: dos franjas laterales o extremas y una muy amplia, que horizontalmente va variando de matiz de un extremo al otro. La del extremo izquierdo es la franja de las personas que tienen una tremenda facilidad para convertirse en adictivas, o que son adictas. La franja lateral derecha corresponde a las personas que tienen una extraordinaria resistencia para convertirse en adictivas, gente que puede probar cualquier tipo de droga y que no por ello va a terminar siendo adicta. En el medio se ubica un arco variable, que va moviéndose de un extremo al otro.

En la época de Mao se quiso terminar con las drogas en China, a partir de la noción de que liquidar a todos los adictos era una solución. La franja del medio, que varía en intensidad, muestra que esa supuesta solución, además de condenable en sí misma, es disparatada e ineficaz.

La cuestión de las drogas se ha vuelto muy grave porque está a merced de un negocio, un negocio que no empezó ahora. Recuerden lo que fue la guerra del opio en China, donde las potencias coloniales europeas peleaban entre sí y con China para apoderarse de toda su producción de amapola. Los alucinógenos se utilizan desde tiempos inmemoriales, y no hay tribu primitiva que no haya conocido algún tipo de hierba estimulante. Estas hierbas en sí no son graves, y sabemos que hay drogas, como la cocaína o el opio, que tienen también un efecto medicinal. El alcoholismo sigue siendo un flagelo, y algo similar ocurre con el cigarrillo. Como bien señaló Jorge, existen adicciones diversas, algunas de las cuales no guardan relación con lo oral; pensemos por ejemplo en la adicción al trabajo como un modo de fuga.

Pablo (publicista): Últimamente ha surgido un debate en torno a la despenalización de las drogas. ¿Cuál es su posición, Marcos?

M. A.: En Holanda se ha hecho la prueba y sabemos que ese país se ha convertido en un paraíso de las drogas. Apoyo la despenalización porque considero que de esta forma se le quebraría la nuca al negocio del narcotráfico; pero esto solamente funcionaría si fuera una decisión universal. En el Uruguay, por ejemplo, están tratando de despenalizar; el presidente uruguayo apoya esta actitud siguiendo la teoría de que, si se despenaliza, va a ocurrir lo mismo que pasó en los Estados Unidos luego de la famosa Ley Seca. Mientras imperaba esta ley —que prohibía la venta de bebidas alcohólicas—, el contrabando creció de una manera extraordinaria, lo cual contribuyó en buena medida al surgimiento de las mafias, como la Al Capone. Es decir, la misma prohibición estimulaba el negocio. Traficante no es sólo el individuo que gana dinero por trasladar las drogas desde los lugares de producción hasta los lugares de venta sino —como describo en *Los iluminados*— el que intenta que los lugares de venta en los sitios prohibidos tengan muy buena venta. Penetra en las villas miseria, donde hay pobreza y desamor, donde hay niños que no tienen en su hogar la ejemplaridad necesaria. También se sabe que en los colegios secundarios y en las universidades se reparten drogas gratuitamente como una manera de hacer picar el anzuelo, y al cabo de probar una, dos, tres veces... algunos individuos, los que son proclives a caer, terminan convirtiéndose en adictos. De esta forma contribuyen al crecimiento y la importancia del negocio. En otras palabras, la despenalización universal fracturaría el negocio del narcotráfico, permitiría invertir el dinero que se gasta en su represión para mejorar las campañas preventivas y atender a los pacientes y, por último, permitiría una mejor regulación de la venta de drogas mediante recetas y lugares auditables de expendio.

Pablo: ¿Por qué este negocio es tan fabuloso y mueve tanto dinero?

M. A.: Mueve tanto dinero porque es un negocio que trabaja muy bien las diversas etapas. Las drogas son muy baratas donde se las produce, pero se vuelven muy caras en los lugares donde se las expende finalmente. Existe una larga cadena de intermediación.

¿Cómo se lucha contra esto? Algunos piensan, con mentalidad autoritaria: mediante la represión y el castigo. Ése es la peor de las opciones, porque supone trabajar sobre los efectos y no sobre las causas. Las causas radican en lo que señalamos al principio: se vuelven adictos aquellos que carecen de amor, aquellos que con la adicción buscan llenar un vacío angustiante.

J. B.: Casi no puedo agregar nada al pantallazo que dio Marcos. Pero de todos modos me gustaría recordar que tenemos la punta de la solución para traer de vuelta a un adicto: darle y enseñarle a recibir aquello que le falta que, como hemos visto, es contención afectiva, otra manera de llamar al amor. Me parece que es hora de pensar en estos temas. Tal es el sentido que tienen para nosotros estas charlas.

charla 6]

CÓRDOBA

[

1. LA FUNCIÓN DE LOS MEDIOS DE COMUNICACIÓN
2. EL ROL DE LOS INTELECTUALES
3. CRISIS DE VALORES EN EL MUNDO DE HOY

PARTICIPANTES]

Rony Vargas (coordinador)

Dora Majilis

Julio Juri

Alicia Cortina

Adriana Adán

Adela Peralta

Patricia Felman

Leticia López

Marcelo Barragán

Julio Peralta

Marisa

Roxana Carnicero

Norma

Luis Juárez Moreno

Jorge

Gabriela Rivero

[

1
LA FUNCIÓN DE LOS MEDIOS DE COMUNICACIÓN

J. B.: Hay algunos lugares donde tengo una sensación extraña. Lugares a los que no puedo *ir* más, porque siempre *vuelvo*. Venir a Córdoba para mí es volver. Volver a esta provincia que siento que quiero y que me quiere; volver a ver la cara de mis amigos que viven en Córdoba. Y hoy volver es más alegre que nunca, porque vuelvo con un hijo verdadero de la provincia, con mi amigo Marcos Aguinis.

(APLAUSOS)

M. A.: Muchas gracias a toda la gente que se ha concentrado aquí para escucharnos. Ya me contaron que en menos de veinte minutos se agotaron las entradas. Recién, en el café, le comentaba a Jorge: "Tengo una sensación de extrañeza... No somos cantantes de rock"...

Rony Vargas (coordinador): Sería interesante comenzar por algo que es diariamente motivo de polémica: la televisión.

J. B.: Es difícil pensarnos sin televisión. La cultura de la televisión ha generado muchas novedades en nuestra manera de vivir. Por ejemplo, en este momento hay gente fuera de la sala asistiendo a esta charla a través de una pantalla. Esto tiene que ver con el gran poder y la gran capacidad de transmisión que significó la televisión. Pero, como siempre sucede, no importa cuán fina sea la feta, siempre tiene dos caras. La ventaja de la penetración de todo medio masivo tiene la posibilidad del beneficio y del perjuicio. Para mí, el daño que puede ejercer la televisión, entre otros medios, se divide en dos tipos: lo que deja de hacer y lo que hace. De ambos daños, a mí me preocupa mucho más

192 • El cochero

lo que deja de hacer. Es decir, todo aquello que la televisión podría contener y no contiene. Cabe preguntarse entonces: ¿Es esto responsabilidad de aquellos que producen y solventan la televisión o de quienes la consumimos?

Cuando pienso en el programa que me gustaría que existiera, yo no tengo ninguna duda de por qué se transmiten aquellos programas que no me interesan. Éstos son los que tienen más raiting, seguramente. Raiting significa cantidad de gente que ve, y cantidad de gente que ve significa anunciantes, y anunciantes significa dinero. Después de todo, éste es el negocio, generar un medio que produzca, provoque y genere un movimiento importante de dinero.

En todos los países del mundo la televisión estatal es deficitaria, pierde dinero. La pregunta es siempre la misma: ¿Deberíamos ejercer más control o deberíamos funcionar desde la libertad? ¿Cuál será el camino?

Pensar en la televisión y en el resto de los medios de comunicación como una herramienta me pone en el lugar más indicado para hacer el análisis de esta situación.

Había una vez dos nenes chiquitos, de 5 y 6 años, que tenían un abuelo muy sabio. Tanto sabía que los chicos adoraban hacerle preguntas, porque él siempre tenía una respuesta adecuada, correcta, pertinente. El abuelo... jamás se equivocaba.

A medida que los niños fueron creciendo, esta fascinación por las respuestas acertadas del abuelo dejó de ser un motivo atractivo para transformarse en un motivo de fastidio. Los nietos comenzaron a enojarse ante las respuestas del abuelo. Porque así sucede; cuando uno va creciendo se fastidia con aquellos que aciertan siempre. Los chicos entonces comenzaron a fastidiarse, hasta que, en un momento, uno de ellos le dijo al otro:

—Tengo una idea fantástica para agarrar al abuelo en una equivocación.

—¿Qué? ¿Cuál?

—Mirá, acabo de atrapar un pajarito, y lo tengo aquí, entre las manos. Así que voy a ir a donde está el abuelo y le voy a decir:

"Abuelo, tengo un pajarito entre las manos. Decime, ¿está vivo o está muerto?". Si el abuelo me dice que está muerto, yo voy a abrir las manos y el pajarito va a salir volando y él se va a haber equivocado. Y si me dice que está vivo, voy a apretar las manos, el pajarito va a morir y le voy a demostrar que está muerto y nunca va a poder hacer nada.

—¡Uy, qué bien! —dijo el otro—. ¡Qué bueno! ¡Vamos, vamos!...

Se fueron a ver al abuelo con el pajarito entre las manos. Uno de ellos dijo:

—Abuelo... tengo un pajarito entre las manos... Decime, ¿está vivo o está muerto?

El abuelo lo miró y dijo:

—Depende de tu intención.

(EXCLAMACIONES DE ASOMBRO Y APLAUSOS)

Con la televisión pasa lo mismo, depende de la intención. ¿Qué queremos? No qué quieren los que manejan la televisión, ¡qué queremos nosotros! Queremos diversión, entretenimiento, negocio... Queremos un medio que llegue a nuestra casa para traernos lo que quieran darnos... Queremos un medio donde la cultura sea el eje... ¿Qué queremos? Y dependiendo de nuestra intención y de quienes manejan la televisión, este medio va a ser una herramienta para construir o para destruir, que nutra o que no haga nada.

M. A.: Lo dicho es clave en este asunto. La televisión se incluye entre los grandes descubrimientos humanos y se relaciona con el inevitable e irrefrenable progreso. Desde que la humanidad decidió dar el salto del estado de naturaleza al estado de cultura, no puede volver atrás, porque cultura significa progreso permanente. Todo progreso llevado a cabo por el ser humano tiene una característica ambivalente: puede servir para el bien o para el mal. El más hermoso de los castillos puede convertirse en una horrible mazmorra; el más afinado bisturí destinado a curar puede convertirse en un arma asesina; la energía atómica puede destruir ciudades o servir para sanar enfermedades. Exactamente lo mismo pasa con la televisión. Como dijo Jorge, depende de la intención. ¿Quiénes están detrás de la televisión? ¿Quiénes la producen? Entramos aquí en el campo del periodista y el dueño de los medios de comunicación. En los países totalitarios la televisión es controlada sólo por el Estado; allí este medio no se halla al servicio del pueblo sino del grupo que detenta el poder. Esto no beneficia a la sociedad. Tenemos que apostar a una televisión en un ámbito de libertad genuina.

No obstante, tampoco es recomendable que la televisión transmita lo que el pueblo quiere, aunque parezca democrático, porque la sociedad es objeto de manipulación y sus valores pueden degradarse. Es posible que la sociedad esté sometida a una creciente estimulación negativa que la lleva a preferir la "televisión basura". Hace falta, por lo tanto, cierta tensión entre lo que quiere la variada audiencia y lo mejor que pueden brindar artistas y comunicadores. Que predomine la excelencia sobre la alienación y la basura.

Mónica Bellini (55 años): ¿Cuál es la función de los periodistas en ese proceso?

M. A.: El periodista desempeña una profesión central en la vida contemporánea. Cuando hablemos del papel de los intelectuales, veremos que se ha producido un cruce entre la figura del intelectual y la del periodista. Antes, los intelectuales eran las personas que poseían más erudición y se las consultaba sobre diversidad de asuntos. Hoy en día, los periodistas no solamente se dedican a transmitir información, sino que la seleccionan, la procesan y la formulan de una determinada manera. Se han vuelto formadores de opinión y, por lo tanto, cumplen el rol que antes estaba circunscripto a los intelectuales.

En la Argentina de los últimos años, muchos periodistas han exhibido una seriedad y un coraje de los cuales hacía tiempo no se tenía noticia. El subgénero de la investigación periodística en nuestro país ha tenido y tiene muchísimo éxito. Pienso en libros como *Robo para la corona*, de Horacio Verbitsky, que algunos compraban sólo para ver si no figuraba su nombre... por la cantidad de denuncias. Después vinieron muchos más. Ese trabajo ·fue obra del periodismo que forma parte de la televisión, la radio, los medios gráficos. Me refiero al periodismo que no suele someterse a los intereses que coyunturalmente tienen los dueños de las empresas o los dueños del poder.

La televisión argentina comprende una variedad de ofertas, desde la "basura" a la calidad. A veces genera sorpresa que los programas de calidad obtengan buen *rating*, porque no es cierto que la gente consuma sólo lo malo. Una gran franja exige excelencia y cuando aparece un buen programa lo sigue.

Esto merece un debate, que tendrá lugar cuando la participación de la ciudadanía sea más efectiva, cuando la sociedad haga sabotaje a programas repelentes. Abundan protestas de bar, cobardes, ocultas, de gente que dice: "Qué porquería, no se puede mirar", pero después va a la casa y mira ese programa. Aquí es donde la sociedad no logra ponerse de acuerdo consigo misma. Yo llamo a este comportamiento "disonancia cognitiva", es decir, la sociedad tiene conciencia de algo, pero no procede de acuerdo con lo que sabe.

Dora Majlis (de Córdoba): Me parece que dicha disonancia se da, quizás con más fuerza y también con mayor gravedad que en ningún otro campo, en la valoración que la sociedad hace respecto de la educación, tal como plantea el doctor Guillermo Jaim Echeverry en su libro *La tragedia educativa*.

Julio Juri: Quisiera que hablaran de los límites en cuanto a la exhibición e información de los medios.

M. A.: Recordarán que durante la última dictadura había un tal señor Tato que estaba a cargo de la censura del ente cinematográfico argentino. Tiempo después, Magdalena Ruiz Guiñazú fue al Instituto Nacional de Cine y pidió que le dejaran ver todo lo que él había censurado. ¡Era para volver a filmar *Cinema Paradiso*...! ¡Una cantidad de estupideces increíble! Se trataba de un hombre patológicamente represor, desde luego, como ocurre con todos los censores. Al censor le producen una verdadera confusión cosas que activan su perversidad dormida.

El tema de los límites a los medios divide la sociedad en dos grupos: quienes pretenden que haya censura y quienes creemos que la censura no es buena. Es la sociedad la que debe exigir, de forma participativa, qué cosas se dan y qué cosas no se deben dar. Los límites deben provenir de una suerte de consenso. Sin duda, un exceso de violencia tiene un mal valor pedagógico; a través de lo que ven en la pantalla, muchos jóvenes aprenden a robar, a asaltar, a matar. Esto es negativo, pero no creo que ocultar sea saludable, del mismo modo que no era saludable no decir a los niños cómo nacen los bebés. ¿Cómo se enseña? ¿Cómo se muestra?

No olvidemos las tragedias de la época clásica griega, piezas donde terminaban muertos todos los que aparecían en el escenario... Psicológicamente se reitera la pregunta de por qué la tragedia tiene vigencia, por qué a la gente le hace bien ver la maldad del ser humano y su tendencia asesina. Algunos aseguran que por la catarsis; otros, porque de esa forma el espectador puede objetivar su alma. En fin, las teorías se multiplican. Lo cierto es que no por mostrar hacemos el daño. Hay que analizar de qué modo se muestra. Por ejemplo, si el noticiero informa de un crimen poniendo en primer plano los trozos del cadáver mutilado después de la bomba, y a continuación el periodista habla de un lugar paradisíaco para ir a veranear, frivoliza. El noticiero se convierte en una golosina —como decía McLuhan— que el espectador saborea mirando la pantalla. Lo bueno y lo malo se banalizan en forma deletérea, y el resultado es una incapacidad de comprender lo que ocurre. El exceso de información, por otra parte, quita tiempo y espacio mental para elaborar lo importante.

Es por todas esas razones que los límites son necesarios, como en muchos campos de la vida. Pero tienen que estar bien pensados, en función de la maduración y el crecimiento, no en función de censores.

J. B.: Los límites sirven cuando yo puedo discernir por mí mismo. Pero en la medida que yo puedo discernir, me pregunto: ¿quién es el que puede decidir ese límite? En este punto se generan problemas muy graves. Cuentan que Al Cappone, el famoso gángster americano, tenía una frase predilecta: "Hay dos maneras de ver las cosas: la correcta y la mía"... Y después de un silencio agregaba: "y las dos son la misma"... (RISAS)

Si alguien va a creer que aquello que es lesivo para él es lesivo para todos a partir de justificar su límite, caeremos en la historia de lo que ocurrió en la Capilla Sixtina...

En el mural de la Capilla Sixtina, una de las maravillas más impresionantes y deslumbrantes que yo personalmente haya visto en mi vida, hay una imagen increíble, una pintura de Miguel Ángel sobre la creación, la elevación de las almas y el descenso a los infiernos. Son figuras hermosísimas, cuidadosamente detalladas. A Miguel Ángel le llevó mucho tiempo hacer este mural. Originalmente, muchas de las figuras, algunas ascendiendo y otras descendiendo, estaban al desnudo. Cuentan que hubo un cardenal que cuando vio la obra terminada se aterró de que en la Capilla Sixtina, "el lugar donde el Papa mismo rezaba", estuvieran esos cuerpos desnudos. Sintió que era una ofensa para la moral y solicitó a Miguel Ángel que inmediatamente cubriera la desnudez "inmunda e impúdica" de esos cuerpos. Entonces Miguel Ángel dijo que no, que la obra de arte es así, que la belleza... en fin... que de ninguna manera. El cardenal consiguió la anuencia de todos los cardenales para que le exigieran a Miguel Ángel que cubriera los cuerpos. Y Miguel Ángel lo hizo. Era su trabajo. Así que pintó lienzos cubriendo las partes desnudas. Pero agregó algo más... Abajo y a la derecha pintó la figura diabólica y satánica de lo que significaría el mal en su quintaesencia: la cara del cardenal que censuró los desnudos.

La anécdota es realmente maravillosa porque muestra cómo el artista puede traspasar ciertas barreras. El tiempo le dio la razón a Miguel Ángel: la Iglesia se dio cuenta de esta barbaridad y mandó a restaurar el mural para volver las figuras a su desnudez original. Cuando los restauradores fueron a trabajar, notaron que los lienzos que cubrían los desnudos estaban apenas puestos sobre la pintura, de modo que lo único que hicieron fue borrar y la desnudez volvió a aparecer. Pero, como para no olvidar, y aquellos que vayan a la capilla la podrán ver, quedó allí la cara diabólica del cardenal, que desde entonces es conocido como "el Cardenal Braguetone" (por las braguetas que mandó poner).

Yo me pregunto: ¿Vamos a dejar en manos de quién estos

límites? ¿En manos de los Braguetone del mundo? ¿En manos de los Tato del mundo? ¿Ellos van a decidir qué se puede ver y qué no se puede ver? Mi propuesta es: eduquemos a las personas para que dejen de ser niños y decidan qué quieren y qué no quieren ver.

Alicia Cortina (42 años): ¿Qué nos pasa que necesitamos ver toda esa opulencia, esa morbosidad?

M. A.: Hace poco leí una nota titulada "La patria chimentera", donde se hacía un repaso de la gran cantidad de programas, especialmente de televisión, dedicados a los chismes. Se calcula que hay más de cien periodistas profesionales a la pesca de rumores, cuyo trabajo consiste en el siguiente mecanismo: detectar escándalos de parejas que se arman y se desarman; en caso de no encontrarlos, tratar de producirlos; y si por desgracia tampoco se lograra esto, llamar a Silvia Süller para levantar un poco el *rating*. Esto nos habla del nivel lamentable de frivolidad.

La sociedad argentina ha disminuido su capacidad de abstraer, entender y discutir seriamente. Esta frivolidad se ve en los debates que se llevan a cabo en los medios de comunicación, en especial las mesas políticas. No son reuniones donde uno escuche al otro para que el espectador pueda sacar una conclusión a través de un procesamiento de las ideas, sino que se busca el fuego de artificios. Allí vale el que grita más, todos se interrumpen continuamente. Es un espectáculo de ruido. Hubo un programa de televisión que se caracterizaba porque la gente se peleaba, se tiraba de los pelos, se insultaba... Esto refleja algo. Hay quienes afirman que, al igual que los gobiernos, se tiene la televisión que uno merece. André Malraux añadió algo mejor aún: "Las sociedades tienen no sólo los dirigentes que se merecen, sino que se les parecen". La televisión refleja, entonces, lo que pasa en nuestra sociedad. Esto debe preocuparnos.

J. B.: Es posible que un periodista crea que con una noticia amarillista venda más periódicos esta vez, pero mañana va a tener que inventar esa noticia, éste es el problema. La disyuntiva es si yo voy a transformarme en un medio de comunicación que mantenga el interés del público por mi conexión con la realidad y mi capacidad de informar, o si, por el contrario, voy a fabricar la noticia que te agrade para vender más.

Retomando las palabras de Marcos, yo preguntaría: ¿Qué diferencia al periodista del empresario? Hay que diferenciar al medio en sí mismo de aquél que lo posee y funciona desde el lugar del negocio: lo que hago es lo que vende y lo que vende es lo que hago. No es lo mismo trabajar en los medios que manejarlos. Ahora bien, puede que los periodistas se sometan a aquello que los empresarios designan y disponen. Es un tema de maduración. Y con esto volvemos a los dos grandes pilares: la familia y la escuela, es decir los padres y los docentes.

Adriana Adán: ¿Cómo se hace para educar la escucha, para no quedarnos con la forma en que se dicen las noticias?

J. B.: "El hombre tiene dos orejas y una sola boca, porque hay que escuchar dos veces antes de hablar", dice el Talmud. El entrenamiento para escuchar se ejerce de una sola manera: humildemente, aprendiendo a callarse. Dice Lord Byron: "Es mejor quedarse callado y que todo el mundo crea que quizá uno es un idiota, que abrir la boca y que a nadie le queden dudas".

(RISAS)

Adela Peralta: ¿Qué pasa con nuestra sociedad, que acepta de buen grado estos programas que llaman "televisión verdad"? ¿Hay sadismo en esta preferencia? Parece que la ficción no alcanza para divertir, ahora es necesaria la realidad. Me refiero a los programas que ponen al desnudo vidas íntimas en una casa...

M. A.: Por un lado, estos programas, inspirados en el famoso Gran Hermano de la novela de Orwell, no son tan espontáneos como se quiere hacer creer. La mayor parte de quienes trabajan son actores o potenciales actores, y al develarse este truco empiezan a decaer. En algunos países alcanzan enorme éxito, pero no en todos.

Rony Vargas (coordinador): La mayor parte de los conceptos que vienen exponiendo genera bastante desencanto...

M. A.: Como he señalado en otras ocasiones, la condición humana no es una condición fácil, sino heroica. Nuestra vida atraviesa períodos de frustraciones, dolores, traumas, expectativas incumplidas. La historia se compone de guerras, masacres o genocidios, pero también de resistencias, arte, amor. Debemos aceptar que la vida es difícil y que su belleza no reside precisamente en la comodidad, sino en mostrarnos que somos capaces de generar epopeyas. Los argentinos hemos padecido tantas frustraciones que nos hemos vuelto pesimistas. Es preciso que desarrollemos una lucha contra ese pesimismo. Podemos mantenerlo en el tango, en algunas novelas, en el folclore, pero no en la vida cotidiana. Necesitamos darnos cuenta de que la única consecuencia del pesimismo es que no nos vaya bien.

El descubrimiento sociológico de las profecías autocumplidas es casi una ley física. Cuando una sociedad repite: "Nos va a ir mal", esto termina por volverse realidad. En cambio, cuando dice: "Nos va a ir bien", muy probablemente logrará que, en efecto, le vaya bien.

Los argentinos creemos, sin razón, que nuestro pesimismo es meritorio. Cuando le preguntamos a alguien si es pesimista u optimista, y dice que es optimista, lo acusamos de idiota. Para que no me tilden de idiota, yo suelo decir: "Bueno... no soy optimista; sólo tengo esperanzas...".

J. B.: Yo en cambio prefiero admitir directamente que soy un idiota optimista... (RISAS).

Para retomar el tema de los medios, la solución está en desarrollar las herramientas para defendernos de la basura. No hay otra posibilidad que asumir la responsabilidad que nos compete. Dejemos de decir que el periodismo debería ser mejor, que la televisión debería hacer esto, que la radio debería hacer aquello... Adriana Schnake, una terapeuta chilena, dice que la neurosis consiste en lo siguiente. Un hombre va hacia una ciudad por un camino y llega a un río; se sienta y dice: "Aquí no debería haber un río... la ciudad debería estar de este lado... alguien debería haber hecho un puente... el río no debería haber sido tan profundo... alguien tendría que haber venido a buscarme... aquí debería haber habido un balsero... alguien tendría que haber construido un túnel..." Y sigue quejándose con y sin razón ... ¡Pero no cruza el río!... ¡Hasta cuándo vamos a seguir esquivando la responsabilidad escudándonos en la idea de que alguien debió haber hecho las cosas diferentes para ser nosotros diferentes! Es hora de asumir la responsabilidad de transformarnos a nosotros mismos. No tengan ninguna duda de que aquellos que hacen de los medios sólo un negocio —que no son los más— van a dejar de hacer el negocio. Busquemos en los medios, tanto en la televisión como en la radio o en la gráfica, a aquellos que no han sido contaminados todavía, y veremos que hay personas independientes, responsables. Tenemos aquí un ejemplo concreto, Rony, quien ha conseguido una audiencia impresionante sin bastardear lo que hace, y desde el interior del país. Aprendamos de él y de otros que como él trabajan para todos.

Patricia Felman: Muchas veces veo un abandono en la calidad de los mensajes por parte de los conductores. Recuerdo ahora esa canción que dice "tomo vino sin soda porque pega más". Por un lado tratamos de que los chicos no consuman alcohol, y por el otro les damos estos mensajes. Pienso también en los gestos de consumo de drogas que vemos en los programas cómicos, que dan la impresión de que consumir es bueno. Lo digo como madre. Me llama la atención que la universidad, como entidad reguladora de cultura, no frene estas actitudes. No podemos dejar que los medios eduquen a nuestros hijos...

M. A.: ¡Cuántos padres sientan a los chicos frente al televisor para poder estar tranquilos! ¡La televisión asume el rol de niñera!

Leticia López (18 años): Yo me crié en un mundo lleno de comunicación al cual se agregó Internet. Quisiera que hablaran sobre este medio. Si bien la televisión es bastante nociva para los jóvenes, me parece que hoy Internet es un arma letal. Ninguna entidad la regula, y cualquier joven o niño puede acceder a cualquier tipo de información.

J. B.: Te voy a decir dos cosas que son exclusivamente mi opinión. Hay que tener mucho cuidado con apresurar nuestras conclusiones. Internet es un medio de comunicación nuevo en el universo y no podemos saber hacia dónde conduce. Con respecto a las armas, quisiera que sepas algo. Las armas no matan, el dinero no corrompe y los ravioles no engordan... (RISAS) ...engordo yo si como ravioles y las armas matan en la medida que alguien las empuña y el dinero corrompe exclusivamente a los corruptos. Internet es, como los otros medios, una herramienta. Depende de la intención. Buscar una censura para Internet no es de ningún modo la solución. Te voy a contar un cuento.

Una señora estaba muy indignada porque en el departamento de enfrente de su casa había un señor que hacía gimnasia desnudo. Cada vez que ella se levantaba se encontraba al tipo en la ventana y sentía que era una ofensa para la propia moral. Así que llamó por teléfono a la policía y la División Moralidad fue a su casa.

—¿Dónde está? —dijo el oficial.

La señora corrió las cortinas muy decidida y se vio al señor, desnudito, haciendo gimnasia frente a la ventana. La señora dijo indignada:

—...Estará en su casa, pero está frente a mi ventana... y esto me afecta. No puedo mirar por mi ventana, y tengo que estar cuidándome...

El agente se dirigió al departamento del señor y le dijo:

—Mire, la señora de enfrente lo ve a usted desnudo todas las mañanas y se siente ofendida, así que, por favor, deje de hacer gimnasia desnudo frente a la ventana.

Pasó una semana. La señora volvió a llamar a la División Moralidad para decir que el señor seguía haciendo lo mismo.

—¡Qué barbaridad! —exclamaron.

Entonces mandaron una patrulla. Al llegar, miraron por la ventana y dijeron:

—Pero... ¡el señor no está!

—No —dijo la señora—, no está acá, está en la plaza...

—¿En la plaza? ¿Dónde está la plaza?

—Mire, ¿ve allá, en el fondo?... ¿Ve ese puntito chiquitito?... Ése es mi vecino que está haciendo gimnasia desnudo...

—¡Pero si de acá no se lo ve!

—¿Cómo que no? ¡Mire con los prismáticos!...

(RISAS Y APLAUSOS)

Hay que ser cauteloso con la idea de "las armas letales". (Simulando ingenuidad) Yo entro en Internet, en "buscar" pongo "mujeres en bolas... gente desnuda... *swingers*...", a ver qué me da... y... ¡aparece la pornografía! *(Irónicamente indignado)* ¡Qué barbaridad! ¡Alguien debería poner límites a todo esto! *(Simulando ingenuidad)* Pongo "nazis... antisemitismo... bomba... asesinato..." *(Irónicamente indignado)* ¡Y aparece cada foto! ¡Qué porquería es la Internet! ¿No?

(Sensato) Digo yo, por qué no hacer censura con la miserable educación que estamos dándoles a nuestros hijos para que tengan esa necesidad de ir a buscar la alimentación basura. ¿Se tratará de prohibir el *fast-food* en la Argentina? ¿O se tratará de enseñar a nuestros hijos a comer? ¿Se tratará de poner límites a la oferta del supermercado? ¿O se tratará de aprender a comprar?

Yo tengo mi posición al respecto, no creo que sea la mejor, pero es la mía, la única que tengo. Para mí, el centro de todo es la educación.

Marcelo Barragán: ¿El origen de nuestra mala elección no radicaría en haber sido mal educados?

M. A.: Como ya dijimos en otras ocasiones, la buena educación consiste en transmitir valores, metodología, y enseñar a pensar. En las últimas décadas se sucedieron progresos que parecían invalidar lo que antes se enseñaba. Cuando apareció el teléfono, por ejemplo, la gente dejó de escribir cartas. Entonces el género epistolar, que era muy cultivado, desapareció. Ya sabrán ustedes que fueron muchos los grandes pensadores y científicos que intercambiaban correspondencia que resultó ser depositaria de la mayor parte de ese conocimiento. Al cabo de varias décadas, el género epistolar resucita a través del correo electrónico y el fax; ahora todo el tiempo de nuevo se escriben cartas. Otro ejemplo: cuando apareció la televisión, la gente pensó que con las imágenes ya no tendría que esforzarse en saber leer y escribir, que todo iba a ser "visto". Esto llevó a un deterioro en la enseñanza de la lectura y la escritura. Hubo también una alianza implícita nefasta, entre familias y docentes, que, con la queja de que los libros eran caros, decidieron fotocopiar sólo algunos capítulos. Semejante costumbre conspiró contra el hábito de la lectura. Resulta que hoy aparece Internet y quien no sabe leer y escribir con cierta destreza no puede "navegar", porque quien tiene mayor capacidad de procesar lo que encuentra es el que puede realizar una lectura más rápida.

La educación implica esfuerzo y disciplina para aprender. No hay otra. En la Argentina nos han perjudicado *disvalores* graves, entre ellos el facilismo, la comodidad, el concepto de zafar. Esta ausencia de disciplina, de método, de interpretación, nos produce un gran daño. Muchos padres sienten miedo porque no saben qué busca y encuentra su hijo en Internet, pero el riesgo de que un chico sea pervertido y llevado por mal camino existió siempre, antes de Internet, antes de la televisión y antes de la radio. Como de costumbre, la posibilidad del daño depende de cómo se ayude al niño a crecer y a discriminar.

2
EL ROL DE LOS INTELECTUALES

J. B.: Nunca es fácil definir a un intelectual. No se sabe si es alguien que vive en una montaña pensando místicamente o si es el científico que hace experimentos con los tubitos... ¿Qué hace un intelectual? ¿Qué significa ser intelectual?

A mí me gusta pensar que los intelectuales son aquellos que hacen del intelecto su principal forma de comprender la realidad, aquellos que operan sobre la realidad desde sus pensamientos, planteos, dudas, sospechas. Lo intelectual no es sólo lo racional, hay muchos tipos de inteligencia en el mundo. Creo que los intelectuales deberían (no me animo a decir deberíamos) aceptar un compromiso cada vez mayor con la realidad que los rodea. La idea del intelectual recluido en la torre para pensar ya no corre más. Hoy necesitamos que el intelectual tenga un grado mayor de vínculo con los otros.

Cada vez que pienso en los intelectuales expertos que analizan desde afuera y van señalando sin ningún compromiso con lo que pasa, me aterro ante la pérdida de contacto. Para evitar esa pérdida se ha producido la fusión que Marcos insinuaba hace un rato entre el intelectual y el periodista.

Mi conclusión es que hay un futuro mucho más comprometido que el actual, que existe una responsabilidad para asumir en todos aquellos que vivimos del pensar. Ha pasado el tiempo en que los intelectuales se dedicaban a pensar para que otros hicieran; es hora de que ocupen lugares de responsabilidad en las empresas, en los medios de comunicación, en el área educativa. Sin ser panfletario, creo que deberán ejercer roles de liderazgo y dirigencia, para que nuestros líderes, por fin, sean intelectuales en el mejor y más acabado sentido de la palabra.

M. A.: Esto que acaba de decir Jorge, "en el mejor sentido de la palabra", me lleva a dos temas puntuales. Por un lado, hay palabras que se cargan de resonancias positivas; una es "intelectual". Durante mucho tiempo se inquirió acerca de su papel. No olvidemos que la palabra "intelectual" es muy reciente; tiene apenas cien años como sustantivo. Surgió como sustantivo con el famoso caso Dreyfus, en Francia, durante el cambio del siglo XIX al siglo XX; fue la primera ocasión en que una tremenda injusticia generó una protesta fulminante por parte de personas dedicadas a distintas áreas: científicos, pintores, músicos y escritores, liderados por un gran novelista de la época, Émile Zola. El grupo tomó como manifiesto un artículo suyo que hizo historia: *Yo acuso*, publicado en *L'Aurore*, donde con gran valentía acusaba, desde el presidente de la República hacia abajo, a los culpables de la injusticia cometida contra el capitán Alfred Dreyfus. Así surgieron "los intelectuales". Los que estaban en la vereda de enfrente y apoyaban a la Francia corrupta empezaron a burlarse de ellos diciendo: "Estos individuos que viven encerrados en su cueva, su *atelier*, su laboratorio, de pronto se consideran con derecho a opinar sobre temas ajenos a su tarea". En efecto, el intelectual es una persona que posee conocimientos específicos en determinada área pero, además, agrega un coraje civil: se juega por las causas que considera justas. Teóricamente suena muy hermoso. Sin embargo, hubo muchos que desencantaron. Heidegger, por ejemplo, estuvo afiliado al nazismo; Céline, en Francia, también; D'Annunzio, al fascismo; Pablo Neruda escribió un bello poema en favor de Stalin; Picasso pintó un cuadro de Stalin. Es decir, a pesar de su gran inteligencia y su exquisita sensibilidad, ni el totalitarismo ni el abuso policíaco les quitó cierto velo. Quiero explicar que no deben ser tomados como infalibles ni puros: son seres humanos cuya obra puede ser más o menos maravillosa, y cuya vida trasciende al plano general.

Hoy en día nos encontramos con una sorpresa extraordinaria en el campo empresarial. En los Estados Unidos, algunas empresas han comenzado a contratar filósofos. En otro tiempo el filósofo era el modelo de intelectual. Que los estén contratando demuestra que no sólo quieren producir en serie, sino saber qué conviene producir, cómo se asocia una cosa con otra, cuál campo merece mayor investigación, cómo se "relata" un producto.

Otra novedad es la interrelación de los medios de comunicación y los intelectuales, a la que hice referencia al principio. En épocas antiguas los intelectuales poseían el saber a través de sus conocimientos de los libros sagrados (los sacerdotes fueron los primeros intelectuales). Durante la Edad Media eran casi los únicos que leían. Con el descubrimiento de la imprenta la lectura se generaliza, y ¡ni hablar de cuando la Biblia deja de leerse solamente en latín! Se produce entonces una expansión, que llega a nuestros días, donde los comunicadores, como decíamos antes, no sólo transmiten información sino que forman la opinión pública.

El intelectual que antes vivía encerrado en su "torre de marfil", aislado de la sociedad, debe ahora recurrir a los medios, hablar ante auditorios amplios, aparecer en los diarios, en la televisión y en la radio. Se vuelven comunicadores y los comunicadores se convierten en intelectuales.

Julio Peralta: Mire Marcos, Picasso pintó a Stalin, pero él era pintor, no un ideólogo político...

M. A.: Heidegger era un filósofo, no un ideólogo político; Céline era un novelista, no un ideólogo político; Ezra Pound era un poeta, no un ideólogo político. Pero eran personajes de mucha resonancia y funcionaban como modelos. Ni Picasso deja de ser Picasso, ni Neruda deja de ser Neruda, ni D'Annunzio deja de ser D'Annunzio. Son admirables, pero no infalibles; también pueden cambiar de opinión. Precisamente, un verdadero intelectual se caracteriza por desarrollar el pensamiento crítico y no tiene ningún escrúpulo en criticar su propia teoría si la encuentra errada. El seudointelectual, en cambio, recurrirá a cualquier mentira para que su teoría resulte exitosa, aunque sea falsa.

Julio Peralta: Jorge, usted dijo que los intelectuales tienen que tener una función en la sociedad. Durante la última dictadura, con la famosa fuga de cerebros y la persecución; o en los años 90, con la privatización del Instituto Balseiro; o en la reestructuración que la actual administración quiere hacer del CONICET, como fue el año pasado con manifestaciones en Buenos Aires, ¿cómo puede el intelectual tener una inserción en la sociedad, si se lo está persiguiendo y segregando?

J. B.: Qué puede hacer un intelectual frente al desprecio y la persecución concreta de quienes manejan el poder. Yo preguntaría qué es lo que puede hacer cualquiera cuando lo que está pasando a su alrededor no le gusta, y la respuesta es: luchar para cambiarlo. La lucha se hace teniendo mucho cuidado y poniendo el acento en lo que conduce a que un país se vuelva más grande, a que una sociedad crezca. Empecemos a pensar qué ha pasado con nosotros, cuál es la responsabilidad que me cabe a mí por lo que pasa con la ley del libro. ¿Habré hecho de verdad todo lo que yo, Jorge Bucay, hubiera podido hacer para que no pase? ¿Habrá algo más que yo pueda hacer? Es decir, ¿qué sucede con nosotros, que alguien es capaz de hacer un corte de ruta —por mencionar algo actual, y sin desmerecerlo— porque la fábrica de la esquina está cerrando y cien personas quedan en la calle, pero nadie es capaz de hacer una manifestación porque el futuro del libro en la Argentina está amenazado? ¿Qué pasa que valoramos una cosa más que la otra? ¿Qué pasa con nuestra ambición de futuro? La única respuesta que te puedo dar es que vamos a crecer en función de esto. Lo que Marcos y yo podemos hacer es sentarnos aquí y en todos los lugares que podamos de la Argentina y fuera de la Argentina a decir: hay una responsabilidad de los intelectuales para bajarse de la torre de marfil a tomar contacto con la realidad, a decir las cosas como son. Hay una responsabilidad que nos compete: "pensar para ayudar a pensar" y no "pensar para nuestro propio regocijo o vanidad". Pensar para ayudar a otros a pensar, para ayudar a otros a que piensen con nosotros, y de ser posible, conseguir que después estén en desacuerdo con nosotros, porque entonces la tarea del intelectual estará cumplida.
(APLAUSOS)

Marisa: Se realizan congresos donde se dice lo que se debe hacer para mejorar, asisten muchas personas, pero pasado el evento nadie modifica, todos quedan cómodos en sus lugares. Son muy intelectuales pero en la práctica nunca aparecen modificaciones... Además, las personas generalmente no saben escuchar y tienen una gran necesidad de decir yo, yo y yo. El nosotros está como dejando de existir.

Roxana Carnicero: Últimamente los seudointelectuales se manejan con ideas prestadas, como diciendo: lo que dijo tal, lo que haría tal, al decir de tal... Y asociando esto con los medios de comunicación, me preocupa cuando la gente dice: "Prendí el televisor para no pensar". Pregunto: ¿Cómo queremos tener intelectuales si nos manejamos con ideas prestadas y vemos televisión para no pensar?

J. B.: Hay una diferencia entre que los otros piensen por mí y que yo use la referencia de otros que pensaron antes para iniciar un razonamiento propio. Citar a otros es, en parte, homenajear a quienes pasaron por ese camino. No veo nada de malo en esto. Me parece importante que yo pueda decir: Fulano dice y yo agrego, siempre y cuando me haga responsable de la cita; que quede claro lo que dijo el citado y lo que estoy diciendo yo. El pensamiento humano es una carrera de postas. Las generaciones la van tomando y se la van pasando. Es mi responsabilidad llevarle la posta a los que siguen y es responsabilidad de los que siguen llevarla más allá de mí. Nuestro mayor éxito es siempre que nuestros hijos nos superen. Trabajamos para esto. En tu pregunta hay algo muy importante que me gustaría rescatar: hay que poder *cuestionar* a aquellos que pensaron antes. Porque, por muy inteligentes que hayan sido, también pueden haberse equivocado. Acaso por esto me gusta repetir la frase: "Me encanta que puedan leer las cosas que escribo, pero por favor, no me crean..." (RISAS) ¡Por favor, no crean que lo que digo es cierto! En todo caso, créanse que ustedes acuerdan con esto. ¡Pero no me crean a mí! Por lo menos... no nos crean ciegamente, porque todo lo que decimos es, nada más, aquello que a nosotros nos ha servido.

M. A.: Se señalaron dos aspectos. Uno, basarnos en el pensamiento de otro; dos, mirar televisión para no pensar. Basarnos en el pensamiento de otro forma parte de la historia de la cultura humana. No nacimos hace un minuto; conocer lo que pasó es útil, nos ayuda. Citar es correcto en la medida en que se invoque al autor de ese pensamiento; de lo contrario se comete plagio. Ahora bien, cuando uno repite, no lo que dijo uno, sino lo que dijeron muchos, ya no se llama plagio sino investigación... (RISAS). No sólo no está mal basarse en experiencias ajenas, sino que siempre nos basamos en ellas. Lo que hace falta es que esa experiencia previa, ajena, sea adaptada, procesada y mejorada.

Por otro lado, "mirar televisión para no pensar" es grave, pero se trata de algo específico. La persona que lo hace se siente mal y no quiere pensar porque cree que si piensa tendría que suicidarse. Se encuentra en una situación crítica. O tal vez necesita un momento de pausa, un recreo. En este caso, considero que a veces conviene permitirse el recreo, pero no olvidar que la única forma de encontrar la salida es mediante la reflexión.

Con frecuencia, en forma individual o colectiva, experimentamos la sensación de que estamos en el fondo de un laberinto. El laberinto es un símbolo que Borges nos enseñó a amar y recordar siempre. Cuesta mucho encontrar la salida de un laberinto, pero todo laberinto tiene una salida.

Norma: Considerando que los intelectuales, como tales, tienen que ocupar mayores lugares de decisión, hay que remitirse entonces a qué intelectuales y qué están pensando. Muchos intelectuales han instalado en el mundo criterios absurdos. Por ejemplo, ¿puede haber algo más equivocado en su concepción y en sus consecuencias que hablar de "tasa natural de desempleo"? ¿Puede haber algo más absurdo —y que proviene de intelectuales formados en universidades prestigiosas— que decir "hay que trabajar en equipo", cuando sabemos lo que significa en tiempo y en trabajo persuasivo lograr un equipo, y luego hablar de "flexibilización laboral"? ¿Podemos tomar nosotros, para generar cambios de políticas y respuestas a la gente, lo que los intelectuales dicen y aceptan en materia de políticas sociales? Nos dicen que tienen que llegar a "la población objetivo", que tienen que llegar "focalizadas"... ¿Cómo vamos a focalizar en un país donde más de la mitad de la población es pobre? Tendríamos que declarar en crisis sobre todo a las grandes escuelas de economía, porque la "población objetivo" es cada vez más reducida...

M. A.: Usted se refiere a temas estrictamente económicos. Recuerdo una anécdota.

Un hombre está perdido en el desierto, sediento, desesperado. Al cabo de muchas horas ve aparecer en el horizonte un camello. Corre hacia él y, en efecto, ve que está montado por un hombre. Pensando que se va a salvar, comienza a gritar:

—¡Auxilio! ¡Auxilio! ¡Estoy perdido! No sé cómo llegar a un oasis. Oriénteme usted...

El camellero le dice desde lo alto:

—Usted está en el paralelo 45, meridiano 3,7.

El hombre, muerto de sed, mira hacia arriba y dice:

—¿Usted es economista?

—¿Por qué?

—Porque me dice cosas muy exactas que no sirven para nada.

(RISAS)

Últimamente, la economía ha desarrollado una serie de conceptos descriptivos, al igual que la psiquiatría en el siglo XIX. Cuando no había métodos para curar ninguna enfermedad —ni la neurosis ni la psicosis— se dedicaban a asignar nombres y hacer largas clasificaciones. Por consiguiente, los manicomios estaban llenos de personas muy bien clasificadas, pero ninguna se curaba. Con la economía ocurre algo similar; circulan muchas definiciones, algunas absurdas, y no ayudan a resolver nada.

J. B.: A veces los pensadores se enamoran tanto de sus discursos que ya no saben lo que querían decir...

3
CRISIS DE VALORES EN EL MUNDO DE HOY

J. B.: El gran problema con los momentos críticos de la humanidad es que hay una ruptura con lo anterior que no permite saber cuáles de los valores que traíamos como paradigmas van a continuar en el momento posterior y cuáles quedarán obsoletos cuando la crisis haya pasado.

Como los valores se relacionan con el momento en el cual la cosa está siendo analizada, durante el tiempo que dura la revisión crítica, el cuestionamiento de los mismos provoca sensación de incertidumbre e inquietud, como si la noción misma de "valor" se hubiese perdido.

Es un tiempo de redefinición, de recuperación, de ratificación o rectificación de cosas aprendidas. Muchas de las cosas que he aprendido como valores incuestionables las he cuestionado, descartado y he terminado a veces comulgado con valores absolutamente contrarios a los que me habían enseñado.

Los valores personales y sociales son para mí puntos de referencia a los cuales recurrir cada vez que me encuentro perdido o tengo que tomar una decisión. El gran desafío es encontrar los propios valores y configurar socialmente una estructura de valores compartidos. Tiene sentido y vale la pena estructurarnos alrededor de esto que, para nosotros hoy, son valores rescatables. Irremediablemente, esto se vincula con las cosas que transmitimos a nuestros hijos. Especialmente en este momento, donde todo es cuestionable, donde todo es opinable, habrá que poner el acento en valores donde apoyarnos, porque sin valores no existe la sociedad. Tendremos que descubrir, aceptar y determinar cuáles son las cosas que vamos a considerar valiosas. Sin preconceptos, sin pensar que algo debe seguir o cambiar porque alguna vez fue así y resultó.

M. A.: Jorge ha dicho que debemos decidir cuáles son las cosas valiosas, con lo cual también ha señalado que los valores no son eternos. Es una definición importante, no esencialista. Hay quienes piensan que los valores son eternos y quienes piensan que los valores se van ajustando con el desarrollo de la sociedad. Por cierto, los valores se vinculan con la ética y la moral. La moral se refiere a las costumbres; la ética, a la teoría de las costumbres, señalando lo que está bien y lo que está mal. En la antigüedad, poseer esclavos no era mal visto; se consideraba que una persona que disponía de muchos esclavos era respetable. En el siglo VII, el papa Gregorio Magno reunió y clasificó los siete pecados capitales, *disvalores* máximos alusivos a aspectos del individuo: lascivia, gula, codicia... ¿Son ésos los peores pecados en la sociedad contemporánea?

Hace poco se realizó en Inglaterra una encuesta sobre cuáles se consideraban en la actualidad los pecados capitales. Curiosamente, ninguno de los pecados señalados por Gregorio Magno figuraba en la lista. Entre los nuevos pecados figuraban, por ejemplo, la prostitución de niños y el genocidio. La conclusión que puede extraerse de ello es que la sociedad contemporánea se ha ido alejando de los pecados cometidos en forma individual, a partir de la suposición de que cada uno, en su casa, es dueño de hacer lo que quiere. Hoy en día importan más los pecados sociales. En consecuencia, se ha producido un gran cambio.

Jorge hizo referencia a la posmodernidad actual como crisis. Esto se debe a que los valores que antes se sostenían eran universales; parecía que todos estábamos de acuerdo. En la posmodernidad —esta palabreja se las trae— todo se ha fracturado, ha aparecido el relativismo cultural, según el cual un valor se determina de acuerdo con cada cultura.

Luis Juárez Moreno (de Rosario): Soy químico y como *hobby* estudio un poco de psicología.

J. B.: ¡Mirá vos! Yo, como *hobby*, hago experimentos químicos...

(RISAS)

Luis Juárez Moreno: Marcos mencionaba que estamos enfrentando cambios vertiginosos, esto es evidente. No hay un país que esté tan desubicado ante la globalización como el nuestro, lo cual obedece a patrones culturales que vienen desde la historia, mucho antes de 1810. Quisiera que me dijeran si les parece un escollo difícil de superar, un trabajo que vamos a tener que realizar en forma individual.

J. B.: No hay ningún trabajo que no empiece en el individuo, no existe posibilidad de pensar la sociedad como un todo sin pensar en el individuo como tal. Yo no dudo nunca del resultado final de la raza, del resultado final de la humanidad y, sobre todo, no dudo nunca del resultado final de mi gente. Y mi gente es este país, la gente con la que convivo. Pero sí creo que hace falta que nosotros trabajemos y estemos dispuestos a saber que no va a ser fácil porque no va a ser gratis.

Hay que animarse a pagar precios para el desarrollo y el crecimiento, y ese precio es la inversión de la tarea a realizar.

Jorge: La crisis de valores, ¿no es relativa según quién la mire? Quisiera contarle un cuentito que lo señala muy claramente...

Un mandarín decide bajar al pueblo disfrazándose de mendigo y pasearse entre sus súbditos. Se traba en lucha con otro mendigo y le da muerte. El juez sentencia rápidamente:

—Quien matare a uno de su misma calaña será condenado a muerte con tortura.

En ese momento le ve un anillo y dice:

—Oh, perdón... El ciudadano que osare matar a un mendigo, será condenado a torturas por una semana.

El mandarín muestra entonces una daga que lo indica como un señor. El juez se vuelve ante el libro y leyendo dice:

—El amo que matare a su siervo será condenado a ayunar durante una semana completa.

Antes de que el juez se retire, el mandarín muestra su collar, que

le da su dote de mandarín. El juez toma una daga y, antes de clavár-
sela en el corazón, dice:
—*Quien osare juzgar a su mandarín, debe darse muerte a sí*
mismo.
(EXCLAMACIONES DE ASOMBRO Y APLAUSOS)

...Falta decir que hoy los medios juzgan y condenan en el mismo día sin darle a nadie la oportunidad de defenderse.

J. B.: En efecto, cada postura formará parte de la ideología de cada quien. Por decir algo fácil de comprender, el hecho de que matar es algo moralmente detestable, ¿será un valor universal o será cuestionable? Tu cuento nos ilustra muy bien sobre cómo matar puede ser en una circunstancia un acto heroico y en otra un asesinato. ¿Qué pasa que en algunos momentos la misma acción es un acto de justicia, en otros de heroísmo, en otros una defensa y en otros un crimen?

M. A.: El relativismo moral nos presenta cuestiones muy difíciles de resolver. Por ejemplo, que los talibanes de Afganistán decidan destruir todas las joyas arquitectónicas y escultóricas de su país, verdadero patrimonio de la humanidad, puede interpretarse como un derecho, puesto que en su cultura todo objeto que haga sombra y sea reproducido va en contra de sus mandatos divinos. ¿Tenemos entonces que aceptarlo? A menudo se acusa a Occidente de intentar imponer sus criterios de democracia participativa en países que tienen otra tradición y que se sienten mucho mejor con regímenes autoritarios. La democracia, por ejemplo, ¿debe ser universal? Miren: aunque la verdad resulte problemática, entiendo que algunos valores deben ser universalizados.

J. B.: Quizá ésta sea una de las posturas más claras que Marcos muestra en su discurso. Vale la pena destacar que somos capaces de acordar nuestros desacuerdos. En este punto yo no opino como Marcos, pero puedo entender su posición. Es más, cuando Marcos lo dice, estoy muy tentado a dejarme convencer... Sin embargo, no creo que haya valores incuestionables ni universales, tal vez, eso sí, valores que a mí me resultan valiosos, pero no me siento con derecho a considerarlos inapelables.

M. A.: Es importante acordar nuestros desacuerdos, no pensamos igual.

J. B.: Exactamente.

Gabriela Rivero (profesora en Ciencias de la Educación): Jorge, vos hablaste de la importancia de la educación en cuanto a los valores. Yo pienso que el gran desafío de la educación está en desarrollar competencias "genéricas" (como las denomina el doctor Rafael Echeverría), por ejemplo: saber escuchar; efectuar y cumplir promesas; saber pedir; distinguir entre hechos e interpretaciones; fundar juicios; diseñar conversaciones; reconocer emociones, permitirlas y generarlas; coordinar acciones; reconocer y aprovechar la relación entre cuerpo, emoción y lenguaje; distinguir entre "tengo que" y "elijo....", etc. Éste es mi planteo de trabajo con los docentes, y si bien ofrece muchas resistencias iniciales, una vez atravesadas los resultados son sorprendentes y contribuyen a crear seres humanos comprometidos y responsables, capaces de elegir los valores a los cuales apostar y de observar la gran diferencia entre una posición de víctima y una posición responsable. Mi pregunta es: ¿Cómo encuadran los valores que tanto han mencionado esta noche: el compromiso y la responsabilidad?

J. B.: Voy a contarte un episodio real.

Un hombre vuelve en subte a su casa, en Nueva York. Una estación antes de bajar, ocurre un accidente. Él se encuentra en la disyuntiva de quedarse encerrado en el subte veinte minutos o bajarse una estación antes y llegar a su casa cruzando el Central Park, un lugar oscuro a esa hora y bastante peligroso. Mira el reloj, quiere regresar a su casa, está cansado, espera encontrarse con su esposa y sus hijos... Así que decide bajarse del subte y atravesar el Central Park caminando. Es invierno, hace mucho frío. Camina unos doscientos metros y, de pronto, oye los gritos de una mujer. Mira hacia el lugar de donde provienen y nota movimientos detrás de un arbusto. En seguida oye más gritos de auxilio que le indican que se trata de un ataque. Se da cuenta de que allí hay un violador o un ladrón. Entonces se siente tentado a acercarse y defender a la mujer, pero advierte que no tiene ninguna herramienta; no sabe defensa personal, no lleva armas. Toma conciencia de que comprometerse con esto significa arriesgar la propia vida. Entonces empieza a pensar qué debe hacer... ¿Debe arriesgar su propia vida, resultar muerto él, intentar hacer algo que en realidad no sabe si puede hacer? Piensa en pedir ayuda. Mira para todos lados buscando un policía y, por supuesto, no lo hay. Los gritos de la mujer se vuelven desesperantes y los del hombre, para acallarla, cada vez más firmes. Mira buscando un teléfono público para llamar a la policía; no ve nada. Y empieza a pensar que lo mejor es llegar rápido a su casa para pedir ayuda. Se fija bien dónde está para poder describirlo mientras los gritos de la mujer continúan. Apura el paso en dirección a su casa en busca de un teléfono o para pedir auxilio, y cuando avanza unos veinte metros se da cuenta de que no puede... de que no va a poder vivir. Los gritos de la mujer disminuyen porque la pelea está terminando. El hombre se desespera pensando que esa mujer puede estar muriendo y él no hizo nada para salvarla. Irremediablemente, y casi sin poder evitarlo, para sorpresa suya, gira sobre sus pasos y se acerca al lugar de la lucha. Pasa el follaje y encuentra a un hombre tirado arriba de una mujer a la cual tiene amordazada y está tratando de arrancarle la ropa. Sin saber de dónde, saca fuerzas, se tira encima del hombre —que tiene una navaja en la mano y lo hiere un poco—, luchan unos instantes y, con la desesperación de querer evitar una desgracia mayor, en el forcejeo el violador finalmente dice un exabrupto y sale corriendo. El hombre se levanta, ve que el ladrón corre, se acerca a la mujer que está desvanecida, golpeada y con la boca sangrando. Ella lo ve, se asombra. Él la levanta y le dice: "Tranquila, ya se fue". La ayuda a caminar y la acerca hacia el camino para sentarla en un banco, bajo una lámpara de neón. Cuando llega allí, la mujer levanta los ojos y le dice: "¡Papá! ¿Sos vos?"

Y el hombre se da cuenta en ese momento que ha salvado sin pensarlo a su propia hija.

(APLAUSOS)

La responsabilidad y el compromiso, Gabriela, posiblemente sean la misma cosa. Si verdaderamente estoy comprometido con mi vida y con mis principios, no puedo dejar de responder por ellos. Responsabilidad no es obligación. Responsabilidad es responder por mis acciones y mi conducta. Responsabilidad es tener la habilidad de la respuesta, como su nombre lo indica. ¿Cómo podría ser responsable si no me comprometo con lo que hago? Compromiso significa darme cuenta de que esta mujer que gritaba *podría ser* mi hija, aunque no sea mi hija. Y que todas esas mujeres golpeadas podrían ser mi hija, o mi mujer, o mi madre aunque no lo sean. Y que todos esos hombres que sufren hambre y opresión podrían ser mis hijos, aunque no lo sean. Me guste o no, estos otros que sufren y que padecen, podrían ser yo. Darme cuenta de que no soy yo al que le pasan las más horribles calamidades, pero sin lugar a dudas podrían pasarme a mí. Este darse cuenta es compromiso. Esto es responsabilidad.

(APLAUSOS)

M. A.: La conmovedora anécdota que nos ha regalado Jorge explica, a los que me hacen esa pregunta, por qué me causa placer acompañarlo en esta gira y escribir juntos un libro.

La sociedad argentina se ha vuelto muy protestona y quejumbrosa. Nos cuesta pasar de la protesta a la propuesta. Nos quedamos en la primera etapa, somos expertos en la queja, en decir "las cosas están mal", "no hay salida", "mejor no pienso"... La posición de la protesta es la posición de la pasividad, la comodidad y la inmadurez. Los que se sienten impotentes, los que no se animan a crear caminos que les permitan resolver una situación difícil, protestan. De esta forma calman sus demandas interiores, descargan su energía, creen que hicieron algo. Pero no hicieron nada, al contrario; la queja va envenenando la atmósfera de su familia y de sus amigos.

La protesta es la expresión de quien no asume responsabilidades; porque está esperando que la solución la traiga otro. En cambio, la propuesta significa riesgo, creatividad, compromiso, madurez, un papel activo.

Tantas dictaduras, tantos salvadores mesiánicos, tantos caudillos carismáticos nos han acostumbrado a los argentinos a protestar, sin darnos cuenta de que es la sociedad la que logra cambiar las cosas.

Por lo tanto, esta observación sobre la responsabilidad es muy oportuna para el cierre de la charla, recordando que debemos acostumbrarnos a dejar de quejarnos. Cada vez que tengamos ganas de protestar, les propongo pensar qué podemos proponer. Porque esta actitud estimula nuestra imaginación y puede modificar la atmósfera de derrotismo que tanto nos perjudica, que tanto se parece a una profecía autocumplida.

La Argentina, décadas atrás, era una sociedad con una ancha clase media a la que se solía acusar de clase cobarde, por tener un exceso de vergüenza. Ojalá nos vuelva la vergüenza, porque cuando haya más vergüenza habrá, también, más decencia.

(APLAUSOS)

J. B.: Sobre la crisis de valores, Marcos y yo acordamos que el mundo va a presenciar una revolución posiblemente dentro de los próximos diez años, basada en una explosión en el ámbito educativo. El motor del cambio está ligado al rol de los intelectuales en el mundo que sigue. Esta es la responsabilidad de todos aquellos que trabajamos en el pensamiento, y cada uno la ejercerá a su modo. La manera que ambos encontramos de colaborar en ese proceso fue expandir nuestra actividad, en cierta medida cómoda, del consultorio en Buenos Aires hacia otros lugares, viajando y dando charlas, publicando libros como éste. Vendrá un tiempo para darnos cuenta de qué podemos hacer los que somos y los que no somos intelectuales. Vamos a tener que ser más cautelosos a la hora de elegir quiénes deciden el futuro de nuestra patria. Vamos a tener que transformarnos en auditores de aquellos programas que votamos. Vamos a tener que sacar de las campañas políticas las promesas de educación y cultura que sólo intentan conseguir votos y transformarlos en programas efectivos de planes de gobierno en las ciudades, los pueblos, las provincias, el país... Creo que vamos a asistir a esta historia, que la vamos a ver. Porque por alguna razón, ingenua o no, Marcos y yo no dudamos del resultado final. Los valores que hoy están perdidos son parte de una crisis, no son parte de una disolución absoluta de valores, no hay que temer. Estamos en tránsito, la historia no terminó, la tarea sigue... aunque el libro termine aquí.

M. A.: Termina aquí, es verdad. Pero sólo se trata de un eslabón en la infinita escalera de la vida. Es bueno expresar otra vez que hemos disfrutado, junto con ustedes, una experiencia inolvidable. Recorrimos temas que importan, y metimos el dedo en el ventilador. Lo hicimos sin ensayo previo, dispuestos a que la sorpresa cumpla lo suyo, abriendo ventanas que suelen mantenerse cerradas por pudor, prejuicio o estupidez. Hubo buen humor, sabiduría, audacia y, a veces, deseos de soltar una lágrima. Por todo ello, estamos agradecidos.

J. B.: (*Al público*) Fue una experiencia fantástica, de verdad, compartir con ustedes la confección de este libro. (*A Marcos*) Y a vos Marcos, quiero decirte que estoy especialmente agradecido por que hayas aceptado escribir este libro conmigo. Sos para mí un maestro, te lo dije mil veces, no tengo ningún problema en decirlo delante de la gente. Tenía muchas ganas de hacerte un regalo, y de hacerlo en público. Traje para regalarte la copia de un poema de un autor argentino, Hamlet Lima Quintana. Quiero leértelo.

Hay gente que con sólo decir una palabra
enciende la ilusión y los rosales,
que con sólo sonreír entre los ojos
nos invita a viajar por otras zonas,
nos hace recorrer toda la magia.

Hay gente que con sólo dar la mano
rompe la soledad, pone la mesa,
sirve el puchero, coloca las guirnaldas,
que con sólo empuñar una guitarra
hace una sinfonía de entre casa.

Hay gente que con sólo abrir la boca
llega hasta todos los límites del alma,
alimenta una flor, inventa un sueño,
hace cantar el vino en las tinajas
y se queda después... como si nada.

Y uno... uno se va, de novio con la vida,
desterrando la muerte solitaria,
porque sabe que a la vuelta de la esquina
hay gente que es así, como vos, tan necesaria.

Gracias, Marcos.

(APLAUSOS)

PARTICIPARON TAMBIÉN DE ESTE LIBRO:

Susana Ferreras	María Josefina Ciaccio	Ariel Zayat
Teresa Cianciabella de Sapollnik	Paola Mezzadonna	Mónica Gabay
Mariela Levin	Carola Aisiks	Héctor Name
Maria Constanza Wuthrich	Ricardo Popovsky	Graciela B.
Alejandro Segura	Laura Schuchner	Marian Novaro
Luisa Fontana	Alfredo Maniotti	Mónica Hirch
Jorge Cadario	Cristina Alicata	Eduardo Trosman
Alicia Yudica	Marta G.	Silvina Bodenlle
Juan Carlos Gulino	Alicia Barmaimon	Nora H.
Rodolfo Gómez	Carlos Turri	Miguel Abadi
Nora Rodríguez	Felipe Rosenmuter	Pierino
Juan Joé Rodríguez Villa	Andrea Mirazón	Alberto Hazan
Luisa María Ahumada	Ivonne B.	Juan C. Basso
Efrain Hutt	Juan José Montani	
Andrés H. Dal Lago	Violeta Codegoni	

(Sus mensajes no han sido incluidos por razones de espacio o repetición).